职业教育一体化课程改革系列教材 —— 汽车技术服务与营销

汽车理赔服务

主 编 钱 芬 李 杨 张雅婷
　　　 杨晓明 唐 莉

西南交通大学出版社
·成 都·

图书在版编目（CIP）数据

汽车理赔服务 / 钱芬等主编. -- 成都：西南交通大学出版社, 2024.6. -- (职业教育一体化课程改革系列教材). -- ISBN 978-7-5643-9716-6

Ⅰ.F842.634

中国国家版本馆 CIP 数据核字第 2024AL5880 号

职业教育一体化课程改革系列教材——汽车技术服务与营销
Qiche Lipei Fuwu
汽车理赔服务
主编　钱　芬　李　杨　张雅婷
　　　杨晓明　唐　莉

责任编辑	李　伟
封面设计	墨创文化
出版发行	西南交通大学出版社 （四川省成都市金牛区二环路北一段 111 号 西南交通大学创新大厦 21 楼）
营销部电话	028-87600564　028-87600533
邮政编码	610031
网址	http://www.xnjdcbs.com
印刷	成都勤德印务有限公司
成品尺寸	210 mm×285 mm
印张	7.5
字数	214 千
版次	2024 年 6 月第 1 版
印次	2024 年 6 月第 1 次
书号	ISBN 978-7-5643-9716-6
定价	25.00 元

课件咨询电话：028-81435775
图书如有印装质量问题　本社负责退换
版权所有　盗版必究　举报电话：028-87600562

前 言

当今社会，汽车已经普遍进入普通百姓家庭。汽车保险也成为每个有车一族必须要关心和购买的商品。汽车保险产品具有专业性强、普及率高的特点，因而汽车服务行业人员，必须认识到，给予客户专业和周到的服务是其工作职责。而汽车理赔顾问作为汽车服务企业的一个重要岗位，在当今的汽车售后服务市场，发挥着越来越重要的作用。

《汽车理赔服务》一体化教材是汽车技术服务与营销专业系列教材之一，其目的是培养学生能胜任汽车售后理赔顾问岗位。本书紧密结合汽车保险最新变化、汽车维修企业生产实际，符合行业需求，内容新颖全面、图文并茂、通俗易懂、易学好教。

本书所编写的学习任务，是根据理赔顾问的职业发展特点，以就业为导向设计的，符合汽车维修企业真实的企业场景。本书由4个学习任务组成，即理赔顾问岗位认知、轻微车险理赔服务、一般车险理赔服务、汽车保险承保。

本书由深圳鹏城技师学院钱芬、李杨、张雅婷、杨晓明、唐莉担任主编。其中，钱芬和李杨负责学习任务一、学习任务二、学习任务三的编写；杨晓明、唐莉负责学习任务四的编写；张雅婷负责前言的编写，并参与部分学习任务的编写工作。

本书是深圳鹏城技师学院汽车技术服务与营销专业实施工学一体化改革的成果，可作为职业院校汽车技术服务与营销专业的教学用书，也可作为汽车服务顾问职业技能培训、鉴定考核和其他相关专业人员的参考书。

由于编者水平有限、时间仓促，书中不妥之处在所难免，恳请读者和专家批评指正。

编 者
2023 年 11 月

目　录

学习任务一　理赔顾问岗位认知……………………………………………001
　学习活动一　风险与保险认知…………………………………………002
　学习活动二　汽车保险认知……………………………………………005
　学习活动三　车险服务流程认知………………………………………010

学习任务二　轻微车险理赔服务……………………………………………014
　学习活动一　车险事故报案受理………………………………………016
　学习活动二　轻微事故现场查勘………………………………………022
　学习活动三　轻微事故车辆问诊………………………………………035
　学习活动四　轻微事故车辆定损………………………………………039
　学习活动五　轻微事故车辆交付………………………………………046
　学习活动六　轻微事故车辆接待展示与评价…………………………049

学习任务三　一般车险理赔服务……………………………………………058
　学习活动一　一般车险车辆损失核定…………………………………059
　学习活动二　人伤案件调查及损失核定………………………………063
　学习活动三　车险赔款理算……………………………………………067
　学习活动四　一般车险接待展示与评价………………………………070

学习任务四　汽车保险承保…………………………………………………079
　学习活动一　汽车保险合同认知………………………………………080
　学习活动二　汽车保险投保……………………………………………085
　学习活动三　汽车保险销售……………………………………………087

参考文献………………………………………………………………………113

学习任务一　理赔顾问岗位认知

一、学习目标

（1）能描述风险和保险的基础知识。
（2）能说明保险从业人员职业道德的基本要求与特殊要求。
（3）能解释常见的车辆保险险种及条款。
（4）能根据车险情况，通过查询资料初步判断车辆所用险种并进行赔付。
（5）能针对顾客车辆出险解释顾客保险理赔流程。
（6）能制定汽车保险服务接待流程。

二、建议课时

12学时。

三、学习活动

学习活动一　风险与保险认知
学习活动二　汽车保险认知
学习活动三　车险服务流程认知

四、工作情景描述

作为某汽车4S店汽车保险理赔顾问岗位的新员工，你需要按照企业要求进行为期一个月的岗前培训。培训内容包括保险与汽车保险认知、工作岗位认知、保险服务流程认知、职业道德要求等。学习结束后，你应对汽车保险理赔顾问岗位有初步认识。考核结束后，方可承担理赔顾问助理工作。在培训过程，须遵守企业规章制度。

学习活动一 风险与保险认知

一、学习目标
（1）能描述风险和保险的基础知识。
（2）能说明保险从业人员职业道德的基本要求与特殊要求。

二、建议学时
4学时。

三、学习资源
网络资源、教材。

四、工作情景描述
你作为某汽车4S店汽车理赔顾问岗位的新员工，入职后，经过公司的培训，对风险、保险基础知识已有了初步认识，现请说明对从业人员职业道德的要求。

五、学习准备
问题1：生活中为什么需要保险？你对保险的认识有多少？

_____
_____

问题2：风险认知
（1）风险是指：_____。
（2）风险类型分为：_____、_____、_____。
（3）风险的特征：_____。
（4）风险的构成要素：_____、_____、_____。
（5）说说如何进行风险管理？

_____
_____

问题3：保险的基础知识
（1）保险是指_____根据合同约定，向_____支付保险费，_____对合同约定的可能发生的事故因其发生所造成的_____承担赔偿_____，或者当_____死亡、伤残、疾病或达到合同约定的年龄、期限时，承担给付保险金责任的_____。
（2）四种保险活动直接人。
① 保险人：与_____订立保险合同，并承担赔偿或者给付保险金责任的_____。

② 投保人：与_____订立保险合同，并按照保险合同负有_____的人。
③ 被保险人：其财产或者人身受_____，享有_____的人。
④ 受益人：_____合同中由_____或_____指定的享有_____的人。
（3）保险标的：_____。
（4）保险费与保险金额的区别是什么？

_____

（5）保险形式的种类。
按保险性质分为：_____、_____、_____。
按保险实施方式分为：_____、_____。
按承保方式分为：_____、_____、_____。
（6）保险业务的种类分为：_____、_____、_____、_____。
① _____是指以_____为保险标的，因保险事故发生导致财产利益损失，保险人以_____进行_____的一种保险。
② _____是以_____为保险标的的一种保险。人身保险的保险标的的价值无法用货币衡量，因此其保险金额可以根据_____和_____由双方协商确定。
③ _____是以_____依法应负的_____或_____为保险标的的一种保险。_____可单独承保。
④ 信用保证保险是以_____为保险标的的一种保险，是一种_____性质的保险。

六、计划与决策

问题 4：根据保险的分类，请你判断下列情况的归属。
（1）每年学生购买的深圳大学生医疗保险属于（　　　　　）。
　A. 财产保险　　　　　　　　B. 人身保险
　C. 责任保险　　　　　　　　D. 信用保证保险
　E. 社会保险　　　　　　　　F. 商业保险
　G. 政策保险　　　　　　　　H. 强制保险
　I. 自愿保险
（2）人身保险合同的保险标的是（　　　　　）。
　A. 物质财产及其有关利益　　B. 财产
　C. 财产及其有关利益　　　　D. 人的寿命与身体
（3）小李向保险公司缴纳 5 781 元为其家用汽车投保机动车损失险，新车购置价为 25 万元，则保险标的为（　　　）、保险费为（　　　）、保险金额为（　　　）。
　A. 5 781 元　　　　　　　　B. 25 万元
　C. 车　　　　　　　　　　　D. 小李

问题 5：小组讨论，说说作为一名即将加入汽车保险行业的服务人员，你对保险从业人员职业道德的理解是什么？

_____

_____

问题 6：汽车保险从业人员职业道德的基本要求是什么？特殊要求是什么？

_____
_____

七、实施与反馈

拓展性问题：你作为一名即将加入汽车保险行业的服务人员，谈谈对我国汽车保险现状的认识，以及对未来工作的认识。

_____
_____

根据测评情况填写表 1-1-1。

表 1-1-1　学习活动评价表

项目	评价内容	评价等级	
		分值	得分
自评	准备工作清晰、完整	2	
	回答问题准确、完整	2	
	按时完成工作任务	2	
	遵守纪律，遵守学习场所管理规定，服从安排	2	
	具有团队合作意识，注重沟通，能自主学习及相互协作	2	
互评	组别　评分　理由	总分	
	小组做到了： 　　　　　　小组不足： 　　　　　　给小组的建议：	小组自我评价： 小组做到了：	
	小组做到了： 　　　　　　小组不足： 　　　　　　给小组的建议：	小组不足：	
	小组做到了： 　　　　　　小组不足： 　　　　　　给小组的建议：	给小组的建议：	
	小组做到了： 　　　　　　小组不足： 　　　　　　给小组的建议：	组长签名：	
教师评语及建议			

八、备忘录

学习活动二　汽车保险认知

一、学习目标

（1）能够解释常见的车辆保险险种及条款。
（2）根据事故车辆情况，通过查询资料初步判断车辆适用的险种并进行赔付。

二、建议学时

4学时。

三、学习资源

网络资源、教材、保险单。

四、工作情景描述

顾客张先生的车辆在使用中发生事故，你作为他的保险理赔顾问，请根据张先生的保险合同中的保险条款，向他讲解因本次事故造成的风险，以及保险公司是否能对其进行赔付。

五、学习准备

问题1：常见的车辆保险险种及条款有哪些？
（1）汽车保险按实施方式分为：＿＿＿＿＿＿、＿＿＿＿＿＿。
（2）商业基本险包括＿＿＿＿＿＿、＿＿＿＿＿＿、＿＿＿＿＿＿三个独立的险种。投保人可以选择投保＿＿＿＿＿＿，也可以选择投保＿＿＿＿＿＿。
（3）商业附加险是相对于＿＿＿＿而言的，指附加在＿＿＿＿＿下的附加合同。＿＿＿＿单独投保，要购买＿＿＿＿＿必须先购买＿＿＿＿＿。＿＿＿＿＿的效力在时间上从属于＿＿＿＿＿。
（4）请根据汽车商业保险常见险种分类，完成表1-2-1。

表1-2-1　汽车商业保险常见险种

主　险	附加险
车辆损失险	1. 2. 3. 4.
第三者责任险	
车上人员责任险	

小提示：通过各大保险公司保险条款及网络资料查询信息。

问题 2：请将下列关于汽车保险常见险种的描述补充完整。

（1）交通事故责任强制险（简称"交强险"）是国家强制规定购买的，其中：

保险责任：_____

_____

赔偿项目：交通事故中的死亡伤残赔偿、医疗费用赔偿、财产损失赔偿等。

赔偿额度：参见表 1-2-2。

表 1-2-2　赔偿额度

责任	适用情况		
	死亡伤残	医疗费用	财产损失
有责			
无责			

责任免除：请举例说明在什么情况下，交强险不负责赔偿和垫付。（列举 2～3 个例子）

_____

_____

（2）商业基本险。

① 车辆损失险。

保险责任：_____或_____在使用被保险车辆过程中，因为_____造成被保险机动车直接损失，且不属于_____的范围，保险公司负责赔偿。

赔偿项目：_____

_____

责任免除：请举例在什么情况下，车辆损失险不负责赔偿。（列举 2～3 个例子）

_____

_____

A．全车盗抢险。

保险责任：保险车辆全车被_____、_____、_____经出险地县级以上公安刑侦部门立案核实，满_____天未查明下落的，保险公司负责赔偿。

赔偿项目：

a. 被盗抢保险车辆的保险金额，但以实际价值为限。

b. 保险车辆全车_____、_____、_____后，受到损失或车上的零部件、附属设备丢失需要修复的合理费用。

c. 被保险机动车在_____、_____过程中，受到损坏需要修复的合理费用。

责任免除：请举例在什么情况下，全车盗抢险不负责赔偿。（列举 2～3 个例子）

_____

B. 玻璃单独破碎险。

保险责任：被保险汽车的风挡玻璃和车窗玻璃_____，保险公司负责赔偿。

责任免除：责任免除范围为_____

C. 自燃损失险。

保险责任：因被保险车辆_____、_____、_____系统发生故障及货物自身原因起火燃烧造成车辆的损失，保险公司负责赔偿。

赔偿项目：当车发生部分损失，按照实际修复费用赔偿修理费。如果车自燃整体烧毁或已经失去修理价值，则按照出险时车辆的实际价值赔偿，但不能超过投保金额。

责任免除：责任免除范围为_____

D. 发动机涉水损失险。

保险责任：保险期间，因_____导致的发动机的直接损毁，保险公司负责赔偿。

E. 不计免赔率险。

保险责任：经特别约定，保险事故发生后，按照对应投保的险种规定的免赔率计算的、应当由被保险人_____，保险公司负责赔偿。

责任免除：请举例在什么情况下，不计免赔特约险不负责赔偿。

_____

F. 机动车损失保险无法找到第三方特约险。

保险责任：被保险机动车损失应当_____负责赔偿，但因_____，保险公司负责赔偿。

G. 指定修理厂险。

保险责任：机动车损失保险事故发生后，_____进行修理。

② 车上人员责任险。

保险责任：保险车辆发生意外事故，导致_____的伤亡以及施救费，由保险公司承担赔偿责任。

赔偿项目：车上人员伤亡的赔偿范围、项目和标准以《道路交通事故处理办法》的规定为准，但不能超过投保座位数和每座约定的投保金额。

责任免除：请举例在什么情况下，车上人员责任险不负责赔偿。（列举2～3个例子）

_____

_____

③ 第三者责任险。

保险责任：_____或_____在使用被保险车辆过程中，发生意外事故，致使_____遭受_____或_____的直接损毁，依法应当由_____支付的赔偿金额，保险人对_____各分项赔偿限额以上部分负责赔偿。

（3）商业附加险。

① 车身划痕损失险。

保险责任：保险车辆发生_____的车身表面油漆单独划伤，保险公司负责赔偿。

责任免除：责任免除范围为_____。

② 附加修理期间费用补偿险。

保险责任：保险期间，投保了本条款的机动车在使用过程中，发生机动车损失保险责任范围内的事故，造成车身损毁，致使＿＿＿＿＿＿＿＿＿＿＿＿＿＿＿＿＿＿＿＿＿，保险人按保险合同约定，在＿＿＿＿＿＿＿＿＿＿＿＿＿＿＿＿，作为代步车费用或弥补停驶损失。

责任免除：责任免除范围为＿＿＿＿＿＿＿＿＿＿＿＿＿＿＿＿＿＿＿＿＿＿＿＿＿＿＿＿＿＿＿＿。

六、计划与决策

问题3：假如车主当年购买了交强险、第三者责任险、车辆损失险、车上人员责任险，请判断当出现表1-2-3所示的情况时，适用哪个险种进行赔付。

表1-2-3 保险案例

序号	案例描述	赔付险种
1	顾客倒车时不慎与路面花台发生碰撞，后保险杠轻微变形，花台未受损，无人受伤。车辆损失大约1 500元	
2	顾客驾驶车辆甲行驶过程中与前方车辆乙发生追尾，车辆甲前保险杠受损，车辆乙后保险杠、左后尾灯受损，交警判定车辆甲负全责，无人受伤。两车损失金额为10 000元左右	
3	顾客行驶过程中为躲避行人，与路边广告牌发生碰撞，车辆受损，广告牌损坏，驾驶人受伤。车辆损失金额3 000元左右，驾驶人治疗费用为5 000元，广告牌赔偿金额为500元	
4	顾客驾驶车辆甲行驶过程与对面车辆乙发生碰撞，两车车头部分受损，车辆甲前挡风玻璃破碎，两车车内成员受伤，无物损。交警判定车辆甲负60%的责任，车辆乙负40%的责任。两车修复费用10 000元，伤者治疗费用共计30 000元	
5	顾客驾驶车辆在行驶过程中不慎被飞石击中前挡风玻璃，前挡风玻璃受损，车身无损伤	

七、实施与反馈

拓展性问题：轮胎单独被盗可以赔付吗？

＿＿＿

＿＿＿

反思性问题：交强险和商业第三者责任险有何不同？

＿＿＿

＿＿＿

根据测评情况填写表1-2-4。

表 1-2-4　学习活动评价表

项目	评价内容	评价等级	
		分值	得分
自评	准备工作清晰、完整	2	
	回答问题准确、完整	2	
	按时完成工作任务	2	
	遵守纪律，遵守学习场所管理规定，服从安排	2	
	具有团队合作意识，注重沟通，能自主学习及相互协作	2	

项目	组别	评分	理由	总分	
互评			小组做到了： 小组不足： 给小组的建议：	小组自我评价： 小组做到了：	
			小组做到了： 小组不足： 给小组的建议：	小组不足：	
			小组做到了： 小组不足： 给小组的建议：	给小组的建议：	
			小组做到了： 小组不足： 给小组的建议：	组长签名：	
			小组做到了： 小组不足： 给小组的建议：		

教师评语及建议	

八、备忘录

学习活动三　车险服务流程认知

一、学习目标

（1）能针对顾客车辆出险，解释顾客保险理赔流程。
（2）能制定车险服务接待流程。

二、建议学时

4学时。

三、学习资源

网络资源、教材、保险单。

四、工作情景描述

顾客刘先生购买了车辆保险，当他遭遇车辆事故时，作为汽车保险理赔顾问，你认为怎样做，才能高效、快捷地完成刘先生的事故理赔工作呢？

五、学习准备

问题1：请完善汽车特约销售服务中心（汽车4S店）的售后组织架构。

问题 2：你认为保险理赔顾问与保险事故相关角色的关系是怎样的？

_____

_____

问题 3：观看视频，一边看一边记录和思考，客户出险后，理赔流程有哪些？其中哪些流程需要理赔顾问协助？

问题 4：一位顾客在停车场倒车时撞到了后面的花台，现在顾客不知道该怎么办，打电话来咨询，你作为汽车 4S 店理赔顾问应该如何指导顾客？

（1）发生保险事故。

被保险人应及时向_____报案，除不可抗拒力外，应在保险事故发生后_____小时之内通知_____，_____小时内通知_____。

（2）事故报案。

被保险人需要提供保单号、_____、_____、出险时间、_____、_____、_____、联系方式等信息。

（3）事故查勘。

保险公司会派出查勘员对_____、_____、_____、_____、_____、_____、_____、_____、_____进行查勘，保险公司查勘人员会填写"保险车辆事故现场查勘记录"并交给被保险人。

（4）维修车辆。

被保险人与_____、_____和相关单位对事故损失的范围、项目、金额一起协商确定。

（5）提交索赔材料。

被保险人收集保险索赔所需材料（请在正确答案前打√）：

☐行驶证　　☐出险人驾驶证　　☐被保险人驾驶证　　☐被保险人身份证　　☐出险人身份证

☐现场查勘单　　☐保单或保险卡　　☐交警单　　☐被保险人银行账号

收集好相关资料后提交保险公司办理索赔。

（6）赔款领取。

保险公司对事故及索赔材料进行核实后，按保险公司约定赔款给被保险人。

💡 **小知识**

（1）交通事故报案电话？☐122　　☐110

（2）报案电话：平安保险95511、中国人民保险95518、太平洋保险95500。

六、计划与决策

问题 5：请分析维修车辆接待流程（见图 1-3-1）与事故车辆接待流程的异同，各组选出一名同学进行展示。

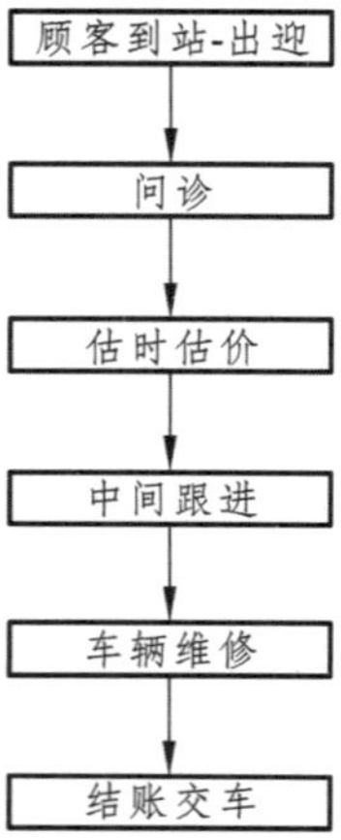

```
顾客到站-出迎
     ↓
    问诊
     ↓
   估时估价
     ↓
   中间跟进
     ↓
   车辆维修
     ↓
   结账交车
```

相同点：① _____
　　　　② _____
　　　　③ _____
　　　　④ _____

不同点：① _____
　　　　② _____
　　　　③ _____
　　　　④ _____

图 1-3-1　维修车辆接待流程

七、实施与反馈

拓展性问题：通过详细的电话流程指引，出险顾客已顺利处理好出险现场的事情。接下来需要你预约顾客进店维修事故车辆，你应该提前做好哪些准备工作？

_____

_____

_____

_____

根据测评情况填写表 1-3-1。

表 1-3-1 学习活动评价表

项目	评价内容	评价等级	
		分值	得分
自评	工作情景设计合理、完整（漏一项扣 0.5 分）	2	
	准备工作清晰、完整（漏一项扣 0.5 分）	2	
	个人仪容仪表及肢体语言是否专业并具有亲和力	2	
	角色扮演合理，符合身份	2	
	遵守纪律、遵守学习场所管理规定，服从安排	1	
	团队合作意识，注重沟通，能自主学习及相互协作	1	
互评	组别	评分	理由	总分	
			小组做到了： 小组不足： 给小组的建议：	小组自我评价： 小组做到了：
			小组做到了： 小组不足： 给小组的建议：	小组不足：
			小组做到了： 小组不足： 给小组的建议：	
			小组做到了： 小组不足： 给小组的建议：	给小组的建议：
			小组做到了： 小组不足： 给小组的建议：	组长签名：
			小组做到了： 小组不足： 给小组的建议：	
教师评语及建议				

八、备忘录

学习任务二　轻微车险理赔服务

一、学习目标

（1）能描述车险报案流程。
（2）能描述现场查勘流程。
（3）能制定并实施轻微车险报案与查勘流程。
（4）能分析事故车顾客的需求。
（5）能正确核查顾客的出险资料。
（6）能制定并实施轻微事故保险问诊接待流程。
（7）能描述保险公司定损流程及定损原则。
（8）能与保险公司就维修项目进行协商，确认维修内容。
（9）能与顾客预估维修费用及车辆交付时间。
（10）能对维修情况和进展程度进行跟踪，并及时向顾客通报。
（11）能对维修过程中出现的维修增项，及时与保险公司和顾客沟通。
（12）能在车辆维修完成后对车辆进行交车前的全面检查。
（13）能与保险公司沟通，确认车辆核价。
（14）能向顾客解释维修内容及费用组成，并协助顾客交款。
（15）能向顾客交付已经维修完毕的车辆。
（16）能在车辆维修完成后，按照保险公司的要求收集相关资料，交至保险公司进行理赔。
（17）能在交车后的2~3天内对顾客进行回访。
（18）能根据工作情景制定轻微事故车辆接待方案。
（19）能按照规范进行轻微事故车辆接待。

二、建议课时

24学时。

三、学习活动

学习活动一　车险事故报案受理
学习活动二　轻微事故现场查勘
学习活动三　轻微事故车辆问诊
学习活动四　轻微事故车辆定损
学习活动五　轻微事故车辆交付
学习活动六　轻微事故车辆接待展示与评价

四、工作情景描述

一位新车顾客发生了轻微交通事故，电话询问汽车4S店有关车辆出险后的理赔事宜。理赔顾问对相关事项进行了解释,并引导顾客进入汽车 4S 店。理赔顾问按照规范接待顾客并了解其需求、查看顾客保险现场查勘单等相关资料、检查车辆损失情况并填写估损单、与保险公司确认维修项目和核价金额后,依据维修工单向顾客说明维修项目、时间及费用等情况,邀请顾客签字确认,引导顾客填写索赔申请单,向维修车间递交维修工单,跟进维修进度并及时反馈给顾客;车辆维修完毕后,做好交车准备工作并通知顾客,根据结算单向顾客解释维修项目及费用,请顾客签字确认;最后陪同顾客验车收款,完成车辆交付,将理赔资料递交保险公司赔付。

学习活动一　车险事故报案受理

一、学习目标

（1）能说出交通事故级别。
（2）能描述机动车事故报案受理流程。
（3）能编写受理报案应对话术。
（4）能进行出险案例设计并进行报案训练。

二、建议学时

4学时。

三、学习资源

实训车一辆、扩音器4个、服务接待台及椅子、车辆四件套、接车夹、问诊单、保险单、教材、电话、网络资源、多媒体教学设备。

四、工作情景描述

一位新车顾客车辆发生轻微事故后，电话询问某汽车4S店的理赔顾问。你作为理赔顾问，请协助顾客完成轻微车险事故报案。

五、学习准备

问题1：交通事故按等级分为哪些类型？

_____

_____

💡 小知识

《道路交通事故处理程序规定》2017年7月22日颁布。

（1）轻微事故：一次造成轻伤1~2人，或者财产损失、机动车事故不足1 000元，非机动车事故不足200元的事故。

（2）一般事故：一次造成重伤1~2人，或者轻伤3人以上，或者财产损失不足3万元的事故。

（3）重大事故：一次造成死亡1~2人，或者重伤3人以上10人以下，或者财产损失3万元以上不足6万元的事故。

（4）特大事故：一次造成死亡3人以上，或者重伤11人以上，或者死亡1人，同时重伤8人以上，或者死亡2人，同时重伤5人以上，或者财产损失6万元以上的事故。

问题 2：新车顾客在理赔顾问的指引下，拨打保险公司的报案电话。报案是被保险人向保险公司申请索赔的第一步，也是必需的一步。

（1）保险公司受理报案的主要工作内容包括：

_____

_____

（2）请画出保险公司受理报案的一般流程：

💡 **小知识**

交通事故责任事故划分标准

交管部门根据当事人的行为对发生道路交通事故所起的作用以及过错的严重程度，确定当事人的责任。

① 因一方当事人的过错导致道路交通事故的，承担全部责任。

② 因两方或者两方以上当事人的过错发生道路交通事故的，根据其行为对事故发生的作用以及过错的严重程度，分别承担主要责任、同等责任和次要责任。

③ 各方均无导致道路交通事故的过错，属于交通意外事故的，各方均无责任。

④ 一方当事人故意造成道路交通事故的，他方无责任。

六、计划与决策

问题 3：请各小组分组完成轻微车险事故报案训练。

（1）顾客及车辆出险情景设计。

内容要求：出险时间、地点、人物、车牌及车型、涉及保险公司、赔付保险险种、出险情况。

（2）根据本组任务，进行小组分工，并完成表 2-1-1。

表 2-1-1 小组分工

策划员		报案员	
顾客		点评员	
理赔顾问			

七、实施与反馈

问题 4：根据本组的背景设计，选派组员模拟轻微车险事故报案流程，请其余同学结合"学习活动评价表"进行点评，点评时应具体指出做得好的和建议改进的项目。

反思性问题：通过展示、考核、评价，回顾本小组的流程展示，我们发现了什么不足？应如何调整？（请说出具体方案）

根据测评情况填写表 2-1-2。

表 2-1-2　学习活动评价表

项目	评价内容	评价等级	
		分值	得分
自评	工作情景、话术设计合理、完整（漏一项扣 0.5 分）	2	
	流程演练完整、清晰（漏一项扣 0.5 分）	2	
	电话礼仪恰当	2	
	角色扮演合理，符合身份	2	
	遵守纪律、遵守学习场所管理规定，服从安排	1	
	团队合作意识，注重沟通，能自主学习及相互协作	1	
互评	组别	评分	理由	总分	
			小组做到了： 小组不足： 给小组的建议：	小组自我评价： 小组做到了：
			小组做到了： 小组不足： 给小组的建议：	小组不足：
			小组做到了： 小组不足： 给小组的建议：	给小组的建议：
			小组做到了： 小组不足： 给小组的建议：	组长签名：
			小组做到了： 小组不足： 给小组的建议：	
教师评语及建议			

八、备忘录

学习材料

报案参考话术

客户 A 在中国人民保险（简称中国人保）购买的车险，今天出险，拨通 95518 电话。

- **接报案**

A：请问是中国人保吗？

B：您好，中国人保××分公司，我是服务人员××，请问有什么可以帮到您？

A：我的车出事故了，我要报案。

B：好的，请问您贵姓？

- **查询保单，核实信息**

B：××先生您好，请问您是购买的中国人保的车险吗？

A：应该是的。

B：请问您的车牌是多少？

情景 1（系统无法查到该车信息）。

B：好的，请稍等，我查询一下。××先生您好，我无法查到您在我司的购买信息。

A：哦，抱歉，是平安公司的。

B：好的，请您尽快拨打平安公司的报案电话。感谢您致电，再见。

情景 2（系统查到该车信息）。

B：好的，请稍等，我查询一下。××先生您好，我查到您购买了交强险和商业险的信息，占用一点时间，跟您核对一下保单信息好吗？

A．好的。

B：请问被保险人是您本人吗？

客服人员核实被保险人、电话、车型等信息。如果不能立刻确认客户车辆是否为本公司承保，需要登录电话中心报案系统。

情景 3（异地出险）。

B：好的，请稍等，我查询一下。××先生您好，请问您在哪里投保的呢？

- **询问并记录案件信息**

B：请问您什么时候出险的？

A：……

B：请问具体地点在哪里？（市、区、路）

B：（核对详细信息、姓名、手机）这样可以更及时与您联络。

情景 1：是本人。

B：您能描述一下具体的出险经过吗？（出险原因、过程）

B：请问本次事故涉及几台车？是否有人受伤或其他财产损失？是否报过交警？您现在还在现场吗？（根据实际情况给出指引）

情景 2：是朋友或代理人。

A：不是，我是他的朋友。

B：由于需要进一步与被保险人本人核实有关情况，请您留下他的电话好吗？

A：138××××××××

B：（将被保险人电话等在"联系人电话、其他联系电话、报案人电话"中注明）请问您对当时的详细情况了解吗？下面请您描述一下具体的出险经过。（出险原因、过程）

B：请问本次事故涉及几台车？是否有人受伤或其他财产损失？是否报过交警？您现在还在现场吗？（根据实际情况给出指引）

情景1：单方事故。

情景2：双方事故。

情景3：人伤事故。

情景4：财产损失事故。

- **生成报案号并告知客户**

完成上述工作，提交报案信息，报案平台自动生成报案号，并告知接下来的处理流程。

B：先生您好，您的报案已记录，稍后我们会将报案号发至您的手机，同时安排查勘人员与您联系，请您保持手机畅通。查勘人员将在××分钟内与您联系。

学习活动二　轻微事故现场查勘

一、学习目标

（1）能描述现场查勘的流程和内容。
（2）能绘制现场查勘草图。
（3）能完成现场查勘报告。

二、建议学时

4学时。

三、学习资源

教学汽车一辆、扩音器4个、服务接待台及椅子、车辆四件套、接车夹、问诊单、保险单、教材、电话、网络资源、多媒体教学设备。

四、工作情景描述

一名新车顾客车辆发生轻微事故，保险公司受理报案后，派查勘员进行现场处理，你认为查勘员应该做好哪些工作呢？

五、学习准备

问题1：保险公司受理报案结束后，安排查勘人员对车辆、财产损失等进行查勘。保险公司为什么要进行查勘工作？

_____

_____

问题2：当发生车辆保险事故时，经过报案受理，保险公司将对出险案件的现场进行查勘，请画出保险公司现场查勘的一般流程。

问题3：现场查勘前应做好哪些准备工作？

___

___

问题4：想一想，现场查勘的主要目的有哪些？
① ___
② ___
③ ___
④ ___
⑤ ___

问题5：现场查勘的主要工作包括哪些？请说明各项工作的重点。
☐ 收取物证　　☐ 询问人证　　☐ 现场摄影　　☐ 现场丈量　　☐ 绘制现场图　　☐ 车辆检查

___

___

___

___

___

___

小知识

1. 收取物证

意义：物证是分析事故原因与责任的最为客观的依据。

收取物证是现场查勘的核心工作。各种查勘技术、方法、手段均为收取物证服务。

物证的类型：散落物、附着物、痕迹等。

常见物证：制动印痕、车体泥土、玻璃碎片、车身刮痕、地面血迹等。

2. 询问人证

调查证人工作非常重要。如果条件允许，最好取得证人的文字证明材料。

3. 现场拍照

① 摄影原则：

先原始、后变动；先重点、后一般；先容易、后困难；先易消失与被破坏的，后不易消失与被破坏的。

② 拍摄要求：

设置日期时间、方位摄影、中心摄影、细目摄影、概览摄影；环境及痕迹勘验、人伤照片；道路交通设施、地形照片；分离痕迹、表面痕迹、路面痕迹、衣着痕迹、遗留物、受损物；车辆检验、两证检验照片。

4. 现场丈量

① 量方位。

方向：公路走向。

直：中线与北向夹角。

弯：弯前直线中线与北向夹角和转弯半径。

距离：选固定点为基准点，如里程碑、线杆等。

② 定现场。

定位方法：三点法、垂直法、极坐标法。

③ 量路况：路面宽、路肩宽。

④ 量车辆位置：轮胎外沿与地面接触中心点到道路边缘的垂直距离。

⑤ 量制动印痕。

⑥ 量接触部位：高度、面积。

⑦ 量其他车、人、物的痕迹。

5. 绘制现场图

① 绘图要求：

可以不工整，但内容必须完整，尺寸数字准确，物体位置、形状、尺寸、距离的大小基本呈比例。

② 绘图步骤：

选比例、画轮廓、画车辆、标尺寸。

小处理：立体图、剖面图、局部放大图、加文字。

先校核后签名：绘图人、校核人、当事人、见证人。

现场简图绘制规范图标如图 2-2-1 所示。道路设施图例如图 2-2-2 所示。

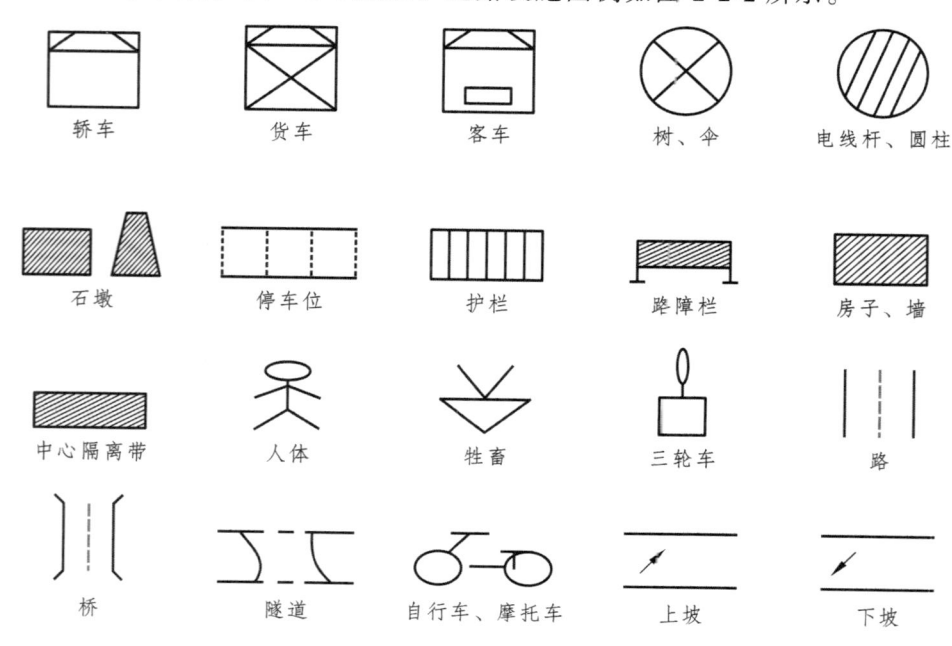

图 2-2-1 现场简图绘制规范图标

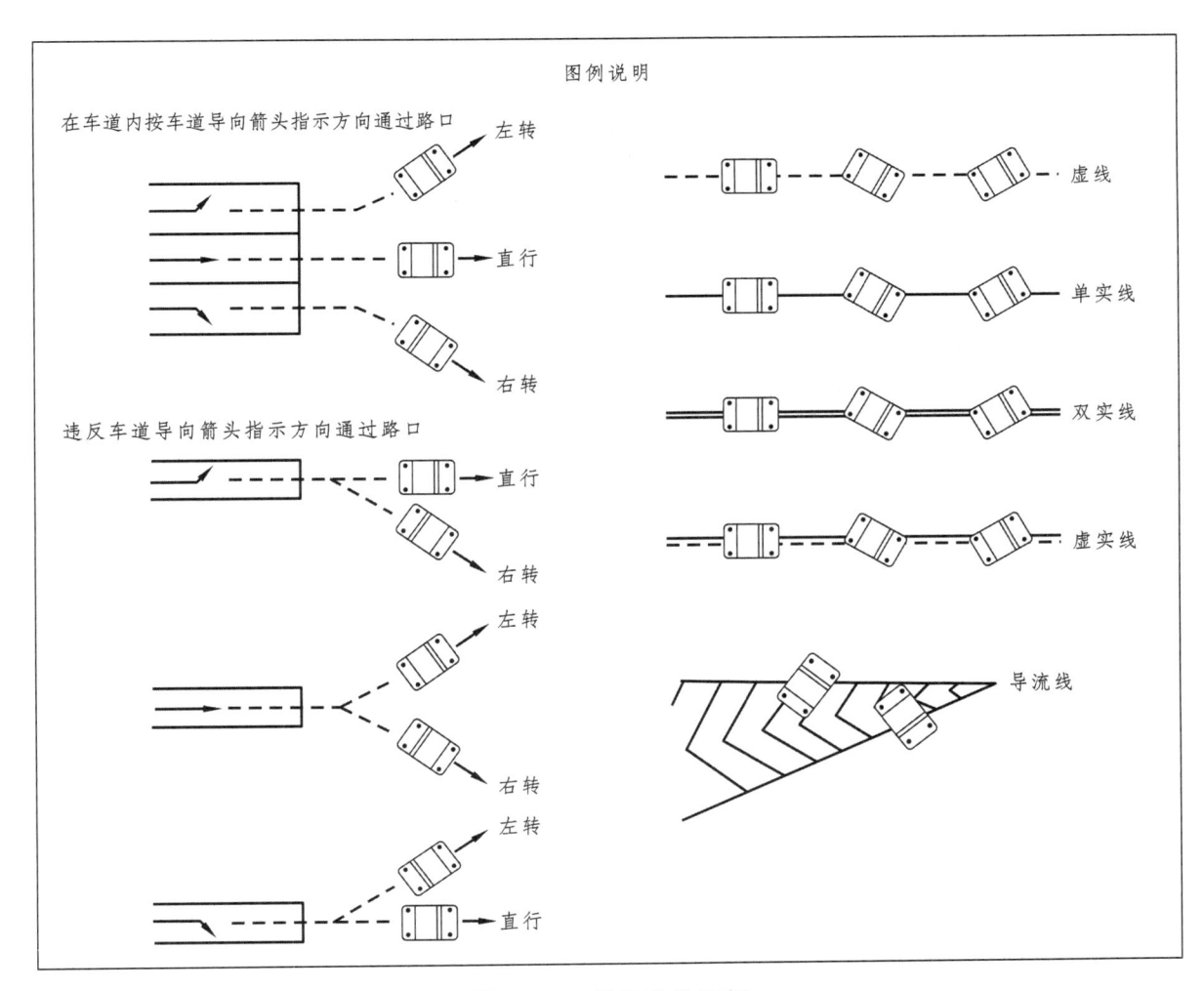

图 2-2-2 道路设施图例

6. 车辆检查

检查车辆的技术状况及乘员情况,以及与交通事故有直接关系的判定。内容包括:车辆转向、制动、挡位、轮胎、喇叭、灯光、后视镜、雨刮及乘员和载重情况。

六、计划与决策

问题 6:各小组分组完成轻微事故现场查勘训练。

(1)请在本组报案设计的基础上完善情景内容,内容要求:包括出险时间、地点、人物、车牌及车型、涉及保险公司、赔付保险险种、出险情况等。

（2）根据本组任务设计，进行小组分工，并完成表 2-2-1。

表 2-2-1　小组分工

策划员		查勘员	
顾客		点评员	
理赔顾问			

七、实施与反馈

问题 7：根据本组的背景设计，选派组员进行模拟轻微事故现场查勘，请其余同学结合"学习活动评价表"进行点评，点评时应具体指出做得好的和建议改进的项目。

问题 8：查勘员根据上述顾客出险情况填写表 2-2-2，并把此表交给顾客。

表 2-2-2　保险车辆事故现场查勘记录

	序号	保险标的（A）	第三者（B）	第三者（C）
现场询问查勘情况	车牌号码			
	厂牌型号			
	车主名称			
	车架号			
	交强险保单号			
	商业险保单号			
	出险司机姓名			
	出险时间	年　月　日　时　分	出险地点：	
	查勘时间	年　月　日　时　分	查勘地点：	
	车辆的行驶方向、出险原因、事故碰撞点及损失部分：		现场草图：	
	其他（□财物损失　□人伤）情况			
标的情况	驾驶证有效期	年　月	行驶证年检有效期	年　月
	出险时使用性质	□营运　□非营运	车架号与保单是否一致	□是　□否
	司机与被保险人关系	□财物损失　□人伤	（关系：　　被保险人电话：　　）	
查勘意见	责任初步估计：A 车负＿＿＿＿责任；B 车负＿＿＿＿责任；C 车负＿＿＿＿责任 其他说明事项：			
本人对以上认定属实，如有虚假，愿意承担法律责任 出险司机签名：A＿＿＿＿　B＿＿＿＿　C＿＿＿＿ 出险司机电话：A＿＿＿＿　B＿＿＿＿　C＿＿＿＿ 　　　　　　　　　　　　　　　　　　　　　　　　　　年　月　日				

反思性问题：通过展示、考核、评价，回顾本小组的流程展示，发现了哪些不足？应如何调整？（请说出具体方案）

_____

_____

根据测评情况填写表 2-2-3。

表 2-2-3　学习活动评价表

项目	评价内容				评价等级	
^	^				分值	得分
自评	工作情景、话术设计合理、完整（漏一项扣 0.5 分）				2	
^	流程演练完整、清晰（漏一项扣 0.5 分）				2	
^	查勘前的准备工作是否完整				1	
^	查勘报告填写是否规范、全面				2	
^	角色扮演合理，符合身份				1	
^	遵守纪律、遵守学习场所管理规定，服从安排				1	
^	团队合作意识，注重沟通，能自主学习及相互协作				1	
互评	组别	评分	理由		总分	
^			小组做到了： 小组不足： 给小组的建议：		小组自我评价： 小组做到了：	
^			小组做到了： 小组不足： 给小组的建议：		小组不足：	
^			小组做到了： 小组不足： 给小组的建议：		给小组的建议： 组长签名：	
^			小组做到了： 小组不足： 给小组的建议：		^	
教师评语及建议							

八、备忘录

💡 **学习材料**

事故常见责任判定及取证拍照

一、事故常见责任判定

01 追尾

追撞前车尾部的，负事故全部责任。

两车正同向行驶，但因两车之间的距离太近，或者后车速度太快，导致在刹车制动后自身得不到充分的制动时间和距离，从而令事故发生，出现追尾事故，都为后车全责。

02 变道

变更车道时，需让更换车道上直行车先行，确认旁边无车或无车逼近时再进行变更。若没有按照规定的方法变更车道，事故责任方在变道车。

变更车道时，未让正在该车道内行驶的车先行的，负事故的全部责任。

03 红灯通行

红灯依然通行造成事故的，负事故全责。

红灯亮时，继续通行的，负事故全部责任。

04 驶入禁行

驶入禁行道路的，负事故全责。

驶入禁行道路的，负事故全责。

05 溜车

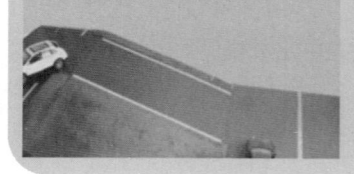

溜车的，负事故全部责任。

在正常道路上行驶或路边临时停车位出现溜车，导致事故发生的，责任显然为溜车的一方。

06 倒车

在正常行驶道路或路边临时停车位出现前车倒车刮碰到后车的情况，过错与责任显然全在前车。

不按规定倒车的，负事故全部责任。

07 逆行

逆向行驶发生事故的，负事故全责。

逆向行驶的，负事故全部责任。

08 通过路口

通过没有交通信号灯控制或交通警察指挥的路口时，相对方向行驶的车辆，右转弯车辆未让左转弯车辆先行的，负事故全责。

通过没有交通信号灯控制或者交通警察指挥的交叉路口时，相对方向行驶的右转弯车未让左转弯车时，负事故全部责任。

09 通过路口

通过没有交通信号灯控制或者交通警察指挥的交叉路口时，遇相对方向来车，左转弯车未让直行车先行的，负事故全责。

通过没有交通信号灯控制或交通警察指挥的路口时，相对方向行驶的车辆，左转弯车辆未让直行车辆先行的，负事故全责。

10 通过路口

通过没有交通信号灯控制或者交通警察指挥的交叉路口时，在交通标志、标线未规定优先通行的路口，未让右方道路的来车先行的，负事故全责。

通过没有交通信号灯控制或交通警察指挥的路口时，在交通标志、标线未规定优先通行的路口，未让右方道路的来车先行的，负事故全责。

11 通过路口

通过没有交通信号灯控制或者交通警察指挥的交叉路口时，未让交通标志、标线规定优先通行的一方先行的，负事故全责。

通过没有交通信号灯控制或交通警察指挥的路口时，未让交通标志、标线规定优先通行的车辆先行的，负事故全责。

12 通过路口

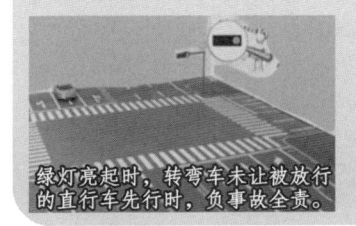

绿灯亮起时，转弯车未让被放行的直行车先行时，负事故全责。

绿灯亮起时，转弯车辆未让被放行的直行车辆先行的，负事故全责。

13 下坡行驶

在没有中心隔离设施或者没有中心线的道路上会车时，下坡车未让上坡车先行的，负事故全责。

在没有中心隔离设施或者没有中心线的道路上会车时，下坡车辆未让上坡车辆先行的，负事故全责。

14 下坡行驶

在没有中心隔离设施或者没有中心线的道路上会车时，下坡车已行至中途而上坡车未上坡时，上坡车未让下坡车辆先行的，负事故全责。

在没有中心隔离设施或者没有中心线的道路上会车时，下坡车辆已行至中途而上坡车辆尚未上坡时，上坡车辆未让下坡车辆先行的，负事故全责。

15 按车道行驶

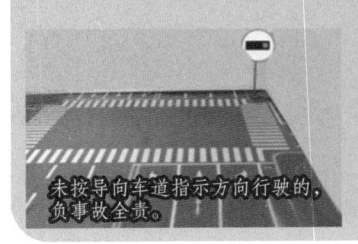

未按导向车道指示方向行驶的，负事故全责。

未按导向车道指示方向行驶的，负事故全责。

16 右转

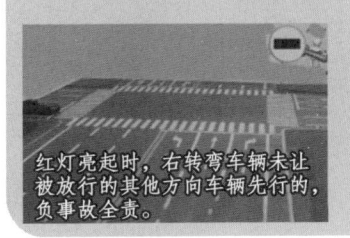

红灯亮起时，右转弯车辆未让被放行的其他方向车辆先行的，负事故全责。

红灯亮起时，右转弯车辆未让被放行的其他方向车辆先行的，负事故全责。

17 直行让道

在没有中心隔离设施或者没有中心线的道路上会车时，有障碍的一方未让无障碍的一方先行的，负事故全部责任。

在没有中心隔离设施或者没有中心线的道路上会车时，有障碍的一方未让无障碍的一方先行的，负事故全责。

18 掉头

在没有禁止掉头标志、标线的地方掉头时，未让正常行驶车先行的，负事故全部责任。

在没有禁止掉头标志、标线的位置进行掉头时，未让正常行驶的车辆先行的，负事故全部责任。

19 左转超车

超越前方正在左转弯车的,负事故全部责任。

超越前方正常左转弯的车辆时发生事故,负事故全部责任。

20 右侧超车

在没有中心线或者同一方向只有一条机动车道的道路上,从前车右侧超越的,负事故全部责任。

在没有中心线或者同一方向只有一条机动车道的情况下,从前车右侧超车时发生事故的,负事故全部责任。

21 直行超车

与对面来车有会车可能时超车的,负事故全部责任。

与对面来车有会车可能仍然超车发生事故的,负事故全部责任。

22 超越前车

超越前方正在超车的车的,负事故全部责任。

超越前方正在超车的车辆时发生事故的,负事故全部责任。

23 环岛行驶

进入无灯控制的环形路口的车未让已在路口内的车先行,负事故全部责任。

进入无灯控的环形路口的车辆未让已经在路口内的车辆先行的,负事故全部责任。

24 开启车门

开关车门造成交通事故的,负事故全部责任。

开关车门造成交通事故的,负事故全部责任。

二、常见事故取证拍照知识

(一)事故现场拍摄方法

1. 现场整体环境照片

清晰反映路况及现场周边环境;由当事人指明车辆的行驶方向并拍照,如图 2-2-3 所示。

图 2-2-3 现场照片

2. 出险地点标牌

清晰反映路牌、车站牌、明显标志物等，如图 2-2-4 所示。

图 2-2-4　出险地点标牌

3. 现场的停驶状态及车辆外观受损情况

车辆受损部位与碰撞物体接触点吻合，有条件的提供测量照片，如图 2-2-5 所示。

图 2-2-5　现场停驶状态及车辆外观受损情况

4. 制动痕迹照片

路面有车辆制动痕迹的应拍摄相应照片，如图 2-2-6 所示。

图 2-2-6　制动痕迹

（二）相应证件拍摄方法

包括当事驾驶员驾驶证照片、被保险车辆行驶证正副本照片，如事故由交管部门处理，应有事故责任认定书照片，同时根据出险地理赔规定，还应有身份证照片及客户银行卡照片，如图 2-2-7 所示。

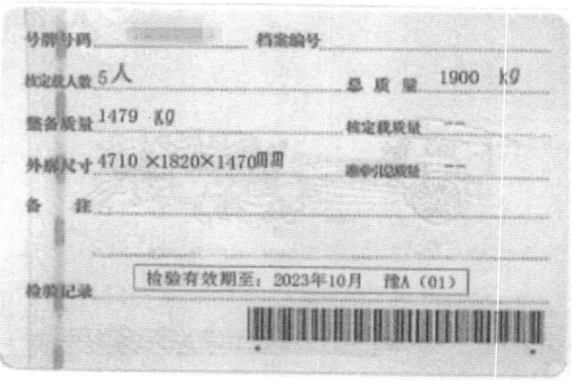

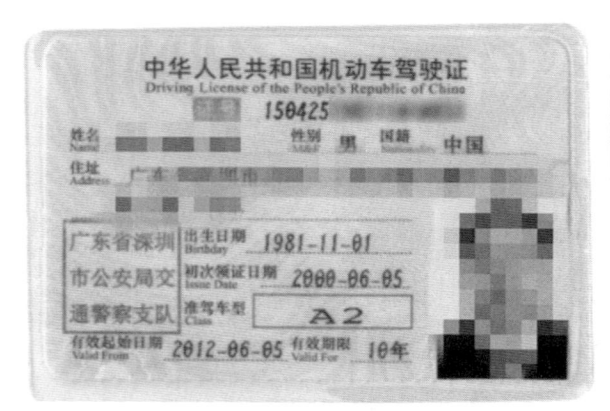

图 2-2-7 相关证件

（三）受损部位拍摄方法

1. 整车照片

反映出险车辆整车及牌照号码，兼顾反映车辆受损的部位，角度以车前方或后方约 45°为宜，如图 2-2-8 所示。

图 2-2-8　整车照片

2. 受损部位

反映出险车辆整车及牌照号码，兼顾反映车辆受损的部位，角度以车前方或后方约 45° 为宜，如图 2-2-9 所示。

图 2-2-9　受损部位

3. 零件受损拍摄方法

零件特写拍摄必要时可以借助其他人、物、标牌指示损坏的地方和所属车辆，如图 2-2-10 所示。

图 2-2-10 零件受损照片

学习活动三　轻微事故车辆问诊

一、学习目标

（1）能分析事故车辆维修顾客的需求。
（2）能核查顾客的出险资料。
（3）能制定并实施轻微事故保险问诊接待流程。

二、建议学时

4学时。

三、学习资源

教学汽车一辆、扩音器4个、服务接待台及椅子、车辆四件套、接车夹、问诊单、保险单、教材、电话、网络资源、多媒体教学设备。

四、工作情景描述

为了随时能够接待出险车辆的顾客，理赔顾问需要做好专业准备，并根据车辆保险事故顾客的特点进行接待。一位新车客户出险后来4S店进行事故车辆的处理，你该如何接待呢？

五、学习准备

问题1：如何快速有效地接待来站的事故车维修顾客？

作为一名理赔顾问，为确保做好事故车辆维修接待工作，你需提前做好哪些方面的准备？

_____

_____

问题2：来站进行事故车辆维修的顾客有哪些方面的需求？

（1）根据来站进行事故车辆维修的顾客需求完成表2-3-1。

表 2-3-1　顾客需求

顾客需求		具体表现	如何满足
环境需求	接待区		
	休息区		
	维修区		

续表

顾客需求		具体表现	如何满足
信息需求	人员技术		
	维修费用		
	配件供应		
	维修时间		
	维修项目解释		
	理赔周期		
情感需求	理解顾客		
	关注顾客		
	同情顾客		
	赞美顾客		

（2）顾客进行事故维修的需求与一般维修有什么区别？

_____

_____

问题 3：一位新车顾客在停车场倒车时撞到了后面的花台，你作为理赔顾问已预约顾客到店。接待事故车维修顾客时，需要查看哪些资料？（请在正确答案前打√）

☐ 行驶证　　　　☐ 出险人驾驶证　☐ 被保险人驾驶证　☐ 被保险人身份证
☐ 出险人身份证　☐ 现场查勘单　　☐ 保单或保险卡　　☐ 交警单　☐ 被保险人银行账号

查看上述资料是否_____，并认真倾听顾客_____，从而确定顾客事故案件情况。

问题 4：作为理赔顾问，与顾客进行车辆查验时需要注意哪些环节？如发现车辆损失部位与现场查勘单的损失部位不相同怎么办？

_____

_____

六、计划与决策

问题 5：各组根据各自情况设计顾客及车险情景，选派组员进行模拟轻微车险车辆问诊流程。
（1）根据本组任务，进行小组分工，并完成表 2-3-2。

表 2-3-2　小组分工

策划员		理赔顾问	
顾客		点评员 1	
点评员 2		点评员 3	

（2）作为理赔顾问要引导顾客填写"机动车辆保险索赔申请书"，请协助顾客填写表 2-3-3。

表 2-3-3　机动车辆保险索赔申请书

报案号码：

被保险人		联系电话	
地址		邮政编码	
车牌号码		厂牌型号	
发动机号码		车架号码	
交强险保单号		承保公司	
商业险保单号		承保公司	

报案人		联系电话		出险驾驶人		联系电话	
出险时间	年　月　日　时　分			出险地点			
出险原因	□碰撞　□倾覆　□盗抢　□火灾　□爆炸　□台风　□自燃　□暴雨　□其他						
开户名称				账号		开户银行	

其他事故方交强险信息

车牌号码	厂牌型号	被保险人	交强险保单号	承保公司	定损公司

出险经过及损失情况

兹声明本被保险人报案时所陈述以及现在所填写和提供的资料均为真实情况，没有任何虚假或隐瞒，否则，愿放弃本保险单之一切权利并承担相应的法律责任。现就本次事故向贵司提出正式索赔。

　　　　　　　　　　　　　　　　　　被保险人（索赔权益人）签章：
　　　　　　　　　　　　　　　　　　　　　　　　年　月　日

特别声明：
1. 本索赔申请书是被保险人就所投保险种向保险人提出索赔的书面凭证。
2. 保险人受理报案、现场查勘、估损核损、参与诉讼、进行抗辩、向被保险人提供专业建议等行为，均不构成保险人对赔偿责任的承诺

　　　　　　　　　　　　　　　　　　24 小时顾客服务电话：400*******

七、实施与反馈

问题 6：根据本组的背景设计，选派组员进行轻微车险车辆问诊流程演练，其余同学结合"学习活动评价表"进行点评，点评时应具体指出哪里做得好以及建议改进的项目。

反思性问题：通过展示、考核、评价，回顾本小组的轻微事故维修接待的学习，我们发现了什么不足？应如何调整？（请说出具体方案）

_____

_____

根据测评情况填写表 2-3-4。

表 2-3-4 学习活动评价表

项目	评价内容			评价等级	
				分值	得分
自评	工作情景设计合理、完整（漏一项扣 0.5 分）			2	
	流程演练完整、清晰（漏一项扣 0.5 分）			2	
	个人仪容仪表及肢体语言是否专业并具有亲和力			2	
	角色扮演合理，符合身份			2	
	遵守纪律、遵守学习场所管理规定，服从安排			1	
	团队合作意识，注重沟通，能自主学习及相互协作			1	
互评	组别	评分	理由	总分	
			小组做到了： 小组不足： 给小组的建议：	小组自我评价： 小组做到了： 小组不足： 给小组的建议： 组长签名：	
			小组做到了： 小组不足： 给小组的建议：		
			小组做到了： 小组不足： 给小组的建议：		
			小组做到了： 小组不足： 给小组的建议：		
教师评语及建议					

八、备忘录

学习活动四　轻微事故车辆定损

一、学习目标

（1）能描述保险公司定损流程及定损原则。
（2）能与保险公司就维修项目进行协商，确认维修内容。
（3）能与顾客预估维修费用及车辆交付时间。
（4）能对维修情况和进展程度进行跟踪，并及时向顾客通报。
（5）能对维修过程中出现的维修增项，及时与保险公司和顾客沟通。

二、建议学时

4学时。

三、学习资源

教学汽车一辆、扩音器4个、服务接待台及椅子、车辆四件套、接车夹、问诊单、任务委托书、保险单、教材、电话、网络资源、多媒体教学设备。

四、工作情景描述

一位新车顾客车辆发生轻微事故后到4S店定损。理赔顾问按规范接待了顾客，并详细了解车辆的实际受损情况后通知保险公司到店定损，与定损员对维修项目和金额进行协商，确认维修内容，与顾客完成估时估价。

五、学习准备

问题1：理赔顾问与顾客完成接车和验车流程后，通知保险公司定损。理赔顾问应如何协助定损员进行定损？

（1）理赔顾问在车辆定损前应该准备什么？

_____
_____
_____
_____
_____

（2）请画出保险公司定损的流程。

（3）保险公司损失确定的原则：_____、_____、_____、_____、_____、_____。

（4）理赔顾问在车辆定损过程中应注意哪些问题？

问题2：如果保险公司与顾客之间对某些零部件的维修或更换存在异议，应该如何处理？

问题3：与顾客进行估时估价时应该注意哪些地方？与维修接待流程中的估时估价有什么不同？

问题4：如何进行维修中间过程的控制？
（1）维修过程中如果出现维修增项，应如何处理？

（2）维修过程中若出现需更换的零部件缺货，应如何处理？

（3）为什么要让顾客了解车辆的维修进度？

_____

（4）你认为顾客能通过哪些方式了解车辆的维修进度？

_____

六、计划与决策

问题 5：各组根据各自设计的顾客及车险情景，选派组员进行模拟轻微事故车辆定损流程。

（1）根据本组任务，进行小组分工，并完成表 2-4-1。

表 2-4-1 小组分工

策划员		理赔顾问	
顾客		维修技师	
定损员		点评员	

（2）根据本组设计"保险车辆事故现场查勘记录"和环车检查的结果，初步判断损失情况，填写估损单，如表 2-4-2 所示。

表 2-4-2 估损单

车牌号：			工单号：			
入厂里程数：			VIN（车架码）：			
序号	维修项目（注明：更换/修理/喷漆）	工时费	零件名称	数量	材料费	备注
工时费合计：			材料费合计：		费用合计：	

（3）与保险公司定损员确认维修项目和维修费用后，与顾客完成车辆的估时估价，并填写"任务委托书"，如表 2-4-3 所示。

表 2-4-3　任务委托书

_____特约维修中心任务委托书

委托书号：

客户		联系人		电话		车内贵重物品	
地址				进厂日期		预交车日期	

车牌	车型	颜色	底盘号	发动机号	里程	购车日期	是否洗车

客户描述

维修项目

项目代码	项目名称	工时费	项目性质	主修人	完工时间

小计：

维修增项

项目名称	工时费	性质	确认方式	客户签名

预估配件

备件名称	性质	数量	单位	合计	其他

小计：

预估合计费用：_____

互检（班组长）：_____　　　　　　质检：____　机修：____　钣金：____　油漆：____

负责人：_____　　　　　　　　　　服务顾问：_____　客户签字：_____

地址：_____

电话：_____

七、实施与反馈

问题 6：根据本组的背景设计，选派组员进行轻微事故车辆定损演练，其余同学结合"学习活动评价表"进行点评，点评时应具体指出做得好的和建议改进的项目。

拓展性问题：如果顾客要求更换全新配件，而定损员判定该部件只能以修复为主，作为理赔顾问，你该如何向顾客解释？

_____

_____

根据测评情况填写表2-4-4。

表2-4-4　学习活动评价表

项目	评价内容			评价等级	
				分值	得分
自评	工作情景设计合理、完整（漏一项扣0.5分）			2	
	流程演练完整、清晰（漏一项扣0.5分）			2	
	个人仪容仪表及肢体语言是否专业并具有亲和力			2	
	角色扮演合理，符合身份			2	
	遵守纪律、遵守学习场所管理规定，服从安排			1	
	团队合作意识，注重沟通，能自主学习及相互协作			1	
互评	组别	评分	理由	总分	
			小组做到了： 小组不足： 给小组的建议：	小组自我评价： 小组做到了：	
			小组做到了： 小组不足： 给小组的建议：	小组不足：	
			小组做到了： 小组不足： 给小组的建议：	给小组的建议：	
			小组做到了： 小组不足： 给小组的建议：	组长签名：	
			小组做到了： 小组不足： 给小组的建议：		
教师评语及建议					

八、备忘录

学习材料

快处快赔流程

问题 1：什么叫快处快赔？

所谓快处快赔，是指发生在机动车之间、机动车与非机动车之间，没有人员伤亡，造成了财产损失或当事人轻微受伤的交通事故，只要车辆能够移动并符合自撤现场规定的，都必须撤离事故现场，自行协商赔偿处理方式。

问题 2：快处快赔的流程（见图 2-4-1）。

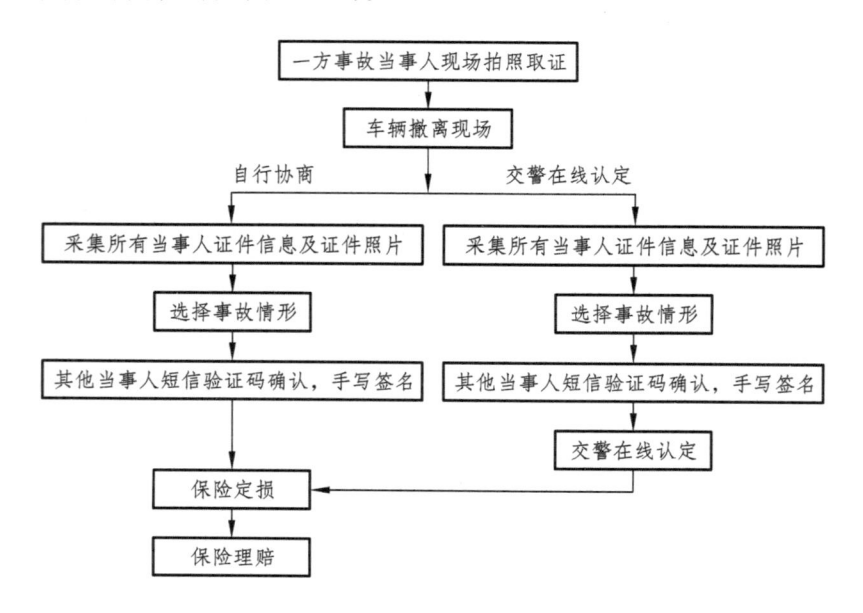

```
                一方事故当事人现场拍照取证
                          ↓
                    车辆撤离现场
              ↙                      ↘
         自行协商                  交警在线认定
            ↓                          ↓
   采集所有当事人证件信息及证件照片   采集所有当事人证件信息及证件照片
            ↓                          ↓
       选择事故情形                选择事故情形
            ↓                          ↓
   其他当事人短信验证码确认，手写签名   其他当事人短信验证码确认，手写签名
            ↓                          ↓
            ↓                      交警在线认定
            ↓                          ↓
       保险定损  ←──────────────────────┘
            ↓
       保险理赔
```

图 2-4-1 快处快赔的流程

问题 3：哪些情况不能适用快处快赔呢？

（1）机动车无号牌、无检验合格标志、无保险标志的。

（2）载运爆炸物品、易燃易爆化学物品以及毒害性、放射性、腐蚀性、传染病病原体等危险物品车辆的。

（3）碰撞建筑物、公共设施或者其他设施的。

（4）驾驶人无有效机动车驾驶证的，驾驶人有饮酒、服用国家管制的精神药品或者麻醉药品嫌疑的。

（5）当事人不能自行移动车辆的，发生交通事故后有一方当事人逃逸的。

问题 4：两车轻微事故，如何进行快处快赔？

需做到以下事项：

（1）请立即开启危险报警闪光灯，并设置三角警示牌。

（2）事故一方当事人现场拍照取证，包括车辆侧前方、侧后方及碰撞部位 3 张照片。当事人通过手机相机拍照，通过"交管12123"App拍照取证。

（3）对于自行协商的，事故一方当事人采集双方当事人证件信息、事故情形，事故另一方当事人短信确认，双方电子签名。

（4）对于申请在线交警认定的，事故一方当事人采集双方当事人证件信息及照片、事故情形，事故另一方当事人短信确认，双方电子签名，交警在线定责。

（5）事故双方当事人到就近快处中心，打印自行协商协议书或简易事故认定书，并进行定损、理赔。

学习活动五　轻微事故车辆交付

一、学习目标

（1）能够在车辆维修完成后进行交车前的全面检查。
（2）能够与保险公司沟通，确认车辆核价。
（3）能够向顾客解释维修内容及费用构成，并协助顾客交款。
（4）能够向顾客交付已经维修完毕的车辆。
（5）能够在车辆维修完成后，按照保险公司的要求收集相关资料，送交保险公司进行理赔。
（6）能够在交车后的2~3天内对顾客进行回访。

二、建议学时

4学时。

三、学习资源

教学汽车一辆、扩音器4个、服务接待台及椅子、车辆四件套、接车夹、问诊单、任务委托书、结算单、保险单、教材、电话、网络资源、多媒体教学设备。

四、工作情景描述

车辆维修完毕，理赔顾问经自检验收后向顾客交付车辆，整理理赔资料送交保险公司，并跟进理赔进度。

五、学习准备

问题1：在车辆维修完毕通知顾客取车前，我们需做好哪些准备工作？
车辆方面：_____
资料方面：_____

问题2：如何进行车辆交付？
在车辆进行交付时，除了将维修完毕的车辆交付给顾客外，还需做哪些事情？
_____
_____

问题3：如何保证保险公司的索赔款项尽快到达顾客账户？
_____
_____

六、计划与决策

问题4：根据小组自己设计的顾客及车辆出险情景，选派组员进行模拟轻微事故车辆交付流程。
（1）根据本组任务，进行小组分工，并完成表2-5-1。

表 2-5-1　小组分工

策划员		理赔顾问	
顾客		回访员	
收银员		点评员	

（2）完成结算单的制作，如表 2-5-2 所示。

表 2-5-2　结算单

_____特约维修中心结算单

结算日期：_____年____月____日

顾客		委托书号		车牌号	
联系人		电话		移动电话	
地址					
底盘号		进厂日期		发票号码	
车型		行驶里程		发动机号	
预计下次保养时间		下次保养里程		回访时间	

维修项目

项目代码	项目名称	工时费	性质	属性

应收工时费　_____

维修备件

备件代码	备件名称	数量	单价	金额	性质

应收材料费　_____

应收工时费：	实收工时费：	管理费：	辅料费：
应收材料费：	实收材料费：	施救费：	其他：
合计金额		已收金额		欠款金额	
现金收款		大写			

顾客签字：_____　服务顾问：_____　结算员：_____

经销商地址：_____

电话：_____

（3）若涉及送交车辆零部件残值，应该如何处理？请完成"保险肇事车辆零部件残值回收清单"的填写，如表 2-5-3 所示。

表 2-5-3 保险肇事车辆零部件残值回收清单

被保险人：1	报案人：2	年　月　日 3	车型：4	厂牌：5
回收单位	经办人	回收件数（大写）		回收地点

七、实施与反馈

问题 5：根据小组的背景设计，选派组员进行轻微事故车辆交付演练，其余同学结合"学习活动评价表"进行点评，点评时应具体指出做得好的和建议改进的项目。

反思性问题：作为理赔顾问，你如何确保事故维修顾客的满意度？

_____

_____

根据测评情况填写表 2-5-4。

表 2-5-4 学习活动评价表

项目	评价内容	分值	得分
自评	工作情景设计合理、完整（漏一项扣 0.5 分）	2	
	流程演练完整、清晰（漏一项扣 0.5 分）	2	
	个人仪容仪表及肢体语言是否专业并具有亲和力	2	
	角色扮演合理，符合身份	2	
	遵守纪律、遵守学习场所管理规定，服从安排	1	
	团队合作意识，注重沟通，能自主学习及相互协作	1	

互评	组别	评分	理由	总分	
			小组做到了： 小组不足： 给小组的建议：	小组自我评价： 小组做到了：	
			小组做到了： 小组不足： 给小组的建议：	小组不足：	
			小组做到了： 小组不足： 给小组的建议：	给小组的建议：	
			小组做到了： 小组不足： 给小组的建议：	组长签名：	

教师评语及建议	

八、备忘录

学习活动六　轻微事故车辆接待展示与评价

一、学习目标

（1）能根据工作情景制定轻微事故车辆接待方案。
（2）能按照规范进行轻微事故车辆接待。

二、建议学时

4学时。

三、学习资源

教学汽车一辆、扩音器4个、服务接待台及椅子、车辆四件套、接车夹、问诊单、任务委托书、结算单、保险单、电话、网络资源、多媒体教学设备。

四、工作情景描述

一位新车顾客车辆发生轻微事故，请你根据顾客的需求，运用所学的知识，完成轻微事故车辆的接待流程。

五、学习准备

问题1：小组完善顾客及车辆出险情景设计。
内容要求：出险时间、地点、人物、车牌及车型、涉及保险公司、赔付保险险种、出险情况。

问题 2：为便于顾客顺利完成车辆的保险理赔工作，顾客来站前应提醒其携带哪些资料？

_____

_____

六、计划与决策

问题 3：根据本组任务分配，完成小组分工并完成表 2-6-1。

表 2-6-1　小组分工

策划员		报案员	
顾客		定损员	
理赔顾问		查勘员	
收银员		点评员	
维修技工			

问题 4：请根据顾客发生事故的类型，制定本组接待的主要流程和每个流程的要点。

七、实施与反馈

问题 5：根据本组背景设计选派队员进行流程演练，并填写"保险车辆事故现场查勘记录""机动车保险索赔申请书""估损单""任务委托书""结算单""旧件回收清单"，如表 2-6-2 ~ 表 2-6-7 所示。请其他同学结合评价表的内容进行点评，点评时应具体指出做得好的和建议改进的项目。

表 2-6-2　保险车辆事故现场查勘记录

	序号	保险标的（A）	第三者（B）	第三者（C）
现场询问查勘情况	车牌号码			
	厂牌型号			
	车主名称			
	车架号			
	交强险保单号			
	商业险保单号			
	出险司机姓名			
	出险时间	年　月　日　时　分	出险地点：	
	查勘时间	年　月　日　时　分	查勘地点：	
	车辆的行驶方向、出险原因、事故碰撞点及损失部分：		现场草图： N↑→	
	其他（□财物损失　□人伤）情况			
标的情况	驾驶证有效期	年　月	行驶证年检有效期	年　月
	出险时使用性质	□营运　□非营运	车架号与保单是否一致	□是　□否
	司机与被保险人关系	□财物损失　□人伤	（关系：　　被保险人电话：	）
查勘意见	责任初步估计：A车负_____责任；B车负_____责任；C车负_____责任 其他说明事项：			

本人对以上认定属实，如有虚假，愿意承担法律责任
出险司机签名：A_____B_____C_____
出险司机电话：A_____B_____C_____
　　　　　　　　　　　　　　　　　　　　　　　年　月　日

表 2-6-3　机动车辆保险索赔申请书

报案号码：

被保险人		联系电话	
地址		邮政编码	
车牌号码		厂牌型号	
发动机号码		车架号码	
交强险保单号		承保公司	
商业险保单号		承保公司	
报案人		联系电话		出险驾驶人		联系电话	
出险时间	年　月　日　时　分	出险地点	
出险原因	□碰撞　□倾覆　□盗抢　□火灾　□爆炸　□台风　□自燃　□暴雨　□其他			
开户名称		账号		开户银行	

其他事故方交强险信息					
车牌号码	厂牌型号	被保险人	交强险保单号	承保公司	定损公司

出险经过及损失情况

　

　

兹声明本被保险人报案时所陈述以及现在所填写和提供的资料均为真实情况，没有任何虚假或隐瞒，否则，愿放弃本保险单之一切权利并承担相应的法律责任。现就本次事故向贵司提出正式索赔。

被保险人（索赔权益人）签章：

　　　　　　　　　年　月　日

特别声明：
1. 本索赔申请书是被保险人就所投保险种向保险人提出索赔的书面凭证。
2. 保险人受理报案、现场查勘、估损核损、参与诉讼、进行抗辩、向被保险人提供专业建议等行为，均不构成保险人对赔偿责任的承诺

24 小时顾客服务电话：400*******

表 2-6-4 估 损 单

车牌号：			车型：		工单号：	
入厂里程数：			购车时间：		VIN（车架码）：	
序号	维修项目 （注明：更换、修理）	工时费	零件名称	数量	材料费	备注
工时费合计：			材料费合计：		费用合计：	

表 2-6-5 任务委托书

_____特约维修中心任务委托书

委托书号：

客户		联系人		电话		车内贵重物品	
地址				进厂日期		预交车日期	

车牌	车型	颜色	底盘号	发动机号	里程	购车日期	是否洗车

客户描述

维修项目					
项目代码	项目名称	工时费	项目性质	主修人	完工时间

小计：

维修增项				
项目名称	工时费	性质	确认方式	客户签名

预估配件					
备件名称	性质	数量	单位	合计	其他

小计

预估合计费用：_____

互检（班组长）：_____   质检：____ 机修：____ 钣金：____ 油漆：____

负责人：_____   服务顾问：_____   客户签字：_____

地址：_____

电话：_____

表 2-6-6　结算单

_____特约维修中心结算单

结算日期：____年____月____日

顾客		委托书号		车牌号	
联系人		电话		移动电话	
地址					
底盘号		进厂日期		发票号码	
车型		行驶里程		发动机号	
预计下次保养时间		下次保养里程		回访时间	

维修项目

项目代码	项目名称	工时费	性质	属性

应收工时费_____

维修备件

备件代码	备件名称	数量	单价	金额	性质

应收材料费_____

应收工时费：	实收工时费：	管理费：	辅料费：
应收材料费：	实收材料费：	施救费：	其他：
合计金额		已收金额		欠款金额	
现金收款		大写			

顾客签字：_____　服务顾问：_____　结算员：_____

经销商地址：_____

电话：_____

表 2-6-7 保险肇事车辆零部件残值回收清单

被保险人	报案人	年　月　日	车型	厂牌
1	2	3	4	5
回收单位	经办人	回收件数（大写）		回收地点

轻微事故车辆接待考核评价表如表 2-6-8 所示，轻微事故车辆接待考核团队评价表如表 2-6-9 所示。

表 2-6-8 轻微事故车辆接待考核评价表

考核项目	评价内容	评价等级	
		分值	得分
团队合作	团队是否都参与、分工明确	5	
安全	有无安全隐患	5	
现场 5S	是否做到	5	
方案设计	工作情景设计合理、完整（漏一项扣 0.5 分）	15	
表现力	个人仪容仪表及肢体语言是否专业并具有亲和力	5	
	角色扮演合理，符合身份	10	
小计总分 45 分			
操作过程点评	是否主动迅速接待，安抚顾客	5	
	是否协助定损员定损、协商维修项目	10	
	是否与顾客进行费用和时间预估，并与顾客确认	10	
	是否及时跟进车辆维修进度，并反馈给顾客	10	
	是否进行交车前检查	5	
	是否与顾客进行维修内容和费用解释	10	
	是否按保险公司要求提交资料，理赔材料齐全	5	
小计总分 55 分			
小组自我评价	做到了： 不足： 建议：	组长签名：	
教师评语及建议			

表 2-6-9 轻微事故车辆接待考核团队评价表

小组互评	团队分值为理赔顾问、顾客角色、点评分值的平均分							
	组别	理赔顾问	顾客角色	定损员	查勘员	报案员	团队	理由
								做到了： 不足： 建议：
								做到了： 不足： 建议：
								做到了： 不足： 建议：
								做到了： 不足： 建议：
								做到了： 不足： 建议：
								做到了： 不足： 建议：
教师评语及建议								

八、备忘录

学习任务三 一般车险理赔服务

一、学习目标

（1）能掌握汽车碰撞损伤判断常识。
（2）能简单判断汽车碰撞损失。
（3）能掌握人伤案件基本常识。
（4）能告知顾客伤亡案件处理流程。
（5）能计算汽车保险的赔付金额。
（6）能按照规范进行事故车辆接待。

二、建议课时

16学时。

三、学习活动

学习活动一　一般车险车辆损失核定
学习活动二　人伤案件调查及损失核定
学习活动三　车险赔款理算
学习活动四　一般车险接待展示与评价

四、工作情景描述

一辆轿车与前方车辆在行驶过程发生碰撞，该车前部严重受损，前方车辆尾部严重变形，并伴有人伤。车主已在现场报交警及保险公司，交警判定该车追尾前方车辆负全责。现在该车被拖至本服务站，请根据车辆实际情况进行接待，并告诉顾客赔付情况。

学习活动一　一般车险车辆损失核定

一、学习目标

（1）掌握汽车碰撞损伤判断常识。
（2）能简单判断汽车碰撞损失。

二、建议学时

4学时。

三、学习资源

汽车一辆、扩音器3个、业务接待台及椅子、座椅套、资料、电话、网络资源。

四、工作情景描述

一辆发生碰撞受损的事故车到店后，作为理赔顾问，你如何对车辆的损失部位进行简单的损失判断呢？

五、学习准备

问题1：按汽车碰撞行为分类，汽车碰撞损伤可分为直接损伤和间接损伤。其中：
（1）直接损伤指：_____
（2）间接损伤指：_____

问题2：在车辆定损分析时，常按照零部件所属总成分为车身件、底盘机械件、电器件等。
（1）车身结构钣金件指：_____
定损原则：_____
（2）非结构钣金件指：_____
通常包括_____、_____、_____、_____、_____、_____等钣金件，一般修复费用小于更换费用应考虑以修理为主。
（3）塑料件的定损需从以下几个方面考虑：

_____
_____
_____
_____

（4）机械类零件定损：
悬挂、转向系统的任何零件不允许用_____的方法进行修理。

（5）电器件定损：_____

注意事项：_____

问题 3：更换项目的确定分为_____、_____、_____、_____四种情况。

问题 4：待查项目的确定步骤。

_____

_____

问题 5：汽车修理油漆收费标准一般是以每平方米为计价单位，不足 1 平方米按_____计价；第 2 平方米按_____计价；第 3 平方米按_____计价；第 4 平方米按_____计价；第 5 平方米按_____计价；第 6 平方米以后按_____计价。

六、计划与决策

问题 6：以一辆事故车的碰撞为例，依照图 3-1-1 所示的照片进行汽车损失评估，并填写在估损单（见表 3-1-1）中。

图 3-1-1　事故车照片

表 3-1-1 估损单

车牌号:		车型:			工单号:	
入厂里程数:		购车时间:			VIN（车架码）:	
序号	维修项目 （注明：更换、修理）	工时费	零件名称	数量	材料费	备注
工时费合计：		材料费合计：			费用合计：	

七、实施与反馈

反思性问题：作为理赔顾问，你如何提高对汽车碰撞损伤的判断？

_____

_____

根据测评情况填写表 3-1-2。

表 3-1-2　学习活动评价表

项目	评价内容	评价等级	
		分值	得分
自评	准备工作清晰、完整	2	
	回答问题准确、完整	2	
	按时完成工作任务	2	
	遵守纪律，遵守学习场所管理规定，服从安排	2	
	具有团队合作意识，注重沟通，能自主学习及相互协作	2	
互评	组别	评分	理由	总分	
			小组做到了： 小组不足： 给小组的建议：	小组自我评价： 小组做到了：	
			小组做到了： 小组不足： 给小组的建议：	小组不足：	
			小组做到了： 小组不足： 给小组的建议：	给小组的建议：	
			小组做到了： 小组不足： 给小组的建议：	组长签名：	
			小组做到了： 小组不足： 给小组的建议：		
教师评语及建议			

八、备忘录

学习活动二　人伤案件调查及损失核定

一、学习目标
（1）掌握医疗案件基本常识。
（2）能告知顾客伤亡案件处理流程。

二、建议学时
4学时。

三、学习资源
汽车一辆、扩音器3个、资料、网络资源。

四、工作情景描述
理赔顾问难免会遇到顾客车辆涉及人员伤亡案件。虽然理赔顾问不代理人员伤亡案件，但是需要掌握人员伤亡案件处理基础知识，从而协助顾客处理相关事宜。

五、学习准备
问题1：与财产损失处理方式相比较，车辆保险中人员伤亡案件的处理有哪些特点？

_____

_____

问题2：当车辆保险事故中发生人员伤亡时，医疗调查是必不可少的，那么什么是医疗调查？
医疗调查是指_____

_____

医疗调查的主要内容有：

_____

_____

医疗调查的前期准备包括：_____、_____、_____。

问题3：在下列前提下，医疗案件调查内容如下。
（1）轻伤未住院：可通过_____并告知_____。
（2）伤残案件调查：_____

_____

（3）死亡案件调查：_____
_____
_____

六、计划与决策

问题 4：假设车辆 A 发生单方事故，驾驶员受伤。
（1）在此情况下，作为理赔顾问，你该如何协助和指导顾客处理呢？
_____
_____

（2）由于顾客对人员伤亡案件赔偿标准不清晰，请结合顾客保险合同告知顾客，保险可以赔付哪些医疗费用？
_____
_____

（3）由于人员伤亡案件需要进行医疗审核，其中医疗审核的依据包括：_____、
_____、_____。

医疗审核包括：_____
_____。

问题 5：假设车辆 A 发生单方事故，驾驶员不幸死亡。
（1）在此情况下，作为理赔顾问，你该如何协助和指导顾客家属处理呢？
_____
_____

（2）由于家属对死亡补偿案件赔偿标准不清晰，请结合其保险合同告知顾客家属，保险可以赔付哪些费用？
_____
_____

（3）死亡补偿案件需要进行审核，其中审核的依据包括：
_____
_____

医疗审核包括：_____

_____。

死亡补偿费审核时应注意：_____

_____。

问题 6：在涉及人员伤亡的交通事故中，相关车辆的保险理赔如何进行？

根据案件损失类型，理赔时需要提供哪些资料？请将下列正确的选项填入表 3-2-1 中。

（1）被保险人出具的保险索赔申请书和授权委托书、被保险人的有效身份证；

（2）驾驶证正件、副证原件，行驶证正件、副证原件，保险单正本；

（3）交通管理部门出具的事故认定书、调解书；

（4）车辆维修发票；

（5）车辆施救费发票；

（6）三者交强险保单复印件（涉及多方事故时）；

（7）旧件回收单；

（8）三者物损赔偿凭证；

（9）三者物损失清单或物价局估价单；

（10）医疗费：受伤人有效身份证明、有效医疗费票据、用药清单、门诊病历、住院疾病诊断证明书、出院小结；

（11）误工费、护理费，合法正规的误工证明（工资单、完税证明）；

（12）交通费：参加事故处理人员的住宿费发票、交通费发票原件；

（13）残疾赔偿金：伤残鉴定书、户籍证明；

（14）死亡赔偿金：死亡证明、尸检报告、户口注销证明、火化证明；

（15）被抚养人生活费：被抚养人户籍证明、家庭组成人员证明、被抚养人丧失劳动能力证明；

（16）机动车登记证书原件；

（17）购车发票；

（18）报案回执；

（19）整套原厂钥匙；

（20）权益转让书；

（21）购置税完税证明原件；

（22）县级以上公安机关案件未侦破及车辆未寻回证明；

（23）与确定保险事故的性质、原因、损失程度等有关的其他证明和材料。

表 3-2-1　车辆保险理赔提供资料

案件类型	需要材料（写编号）
涉及车辆损失	
涉及三者物资	
涉及人员伤亡	
涉及车辆盗抢	

七、实施与反馈

根据测评情况填写表 3-2-2。

表 3-2-2　学习活动评价表

项目	评价内容	评价等级	
		分值	得分
自评	准备工作清晰、完整	2	
	回答问题准确、完整	2	
	按时完成工作任务	2	
	遵守纪律，遵守学习场所管理规定，服从安排	2	
	具有团队合作意识，注重沟通，能自主学习及相互协作	2	
互评	组别	评分	理由	总分
			小组做到了： 小组不足： 给小组的建议：	小组自我评价： 小组做到了：
			小组做到了： 小组不足： 给小组的建议：	小组不足：
			小组做到了： 小组不足： 给小组的建议：	给小组的建议： 组长签名：
			小组做到了： 小组不足： 给小组的建议：	
教师评语及建议			

八、备忘录

学习活动三 车险赔款理算

一、学习目标

（1）能计算交强险赔款。
（2）能根据保险合同计算商业险赔款。

二、建议学时

4学时。

三、学习资源

汽车一辆、扩音器3个、资料、网络资源。

四、工作情景描述

当顾客遭遇车辆事故时，经保险公司查勘定损后给出核价金额。作为一名理赔顾问，你应该能够根据顾客所购买的保险合同及事故中所承担的责任，计算出保险的赔付金额，帮助顾客解决疑惑。

五、学习准备

问题1 《机动车交通事故责任强制保险条例》第二十三条规定：机动车交通事故责任强制保险在全国范围内实行统一的_____。_____分为_____、_____、_____以及被保险人在道路交通事故中无责任的赔偿限额。

问题2：交强险总赔款额为_____。

问题3：根据商业险的险种的不同，计算赔款额。
（1）机动车损失险赔款=_____。
（2）第三者责任险赔款=_____。

六、计划与决策

问题4：在汽车保险理赔时，事故涉及的损伤，查勘定损后如何计算赔付金额呢？

（1）案例1：机动车辆A仅购买了交强险，在行驶中造成两行人甲、乙受伤，甲医疗费用6 000元，乙医疗费用8 000元，计算A车交强险对甲、乙的赔款。

（2）案例2：顾客驾驶车辆A由于疏忽大意，发生了碰撞事故，导致A车辆前部受损；一人死亡。标的车定损金额及项目：1 800元；医疗费用：500元；死亡伤残补助：190 000元；三者险限额：100 000元。本车购买了车损险、三者险、交强险以上三个险种，请计算实际赔付金额，并完成表3-3-1。

表 3-3-1　赔付金额

险种	计算过程（先写赔付公式，再进行计算）	结果
交强险		
商业险		

💡 小提示

保险车辆发生道路交通事故，保险人根据驾驶人在交通事故中所负事故责任比例承担相应赔偿责任。按照表3-3-2中的规定确定事故责任，并承担不同的事故比例及免赔率。

表 3-3-2　事故责任比例

保险车辆事故责任	事故比例	车损险事故责任免赔率	第三者责任险事故责任免赔率
负全部事故责任	不超过100%	15%（单方肇事事故）	20%
负主要事故责任	不超过70%	10%	15%
负同等事故责任	不超过50%	8%	10%
负次要事故责任	不超过30%	5%	5%

七、实施与反馈

根据测评情况填写表3-3-3。

表 3-3-3　学习活动评价表

项目	评价内容	评价等级	
		分值	得分
自评	准备工作清晰、完整	2	
	回答问题准确、完整	2	
	按时完成工作任务	2	
	遵守纪律，遵守学习场所管理规定，服从安排	2	
	具有团队合作意识，注重沟通，能自主学习及相互协作	2	

项目	组别	评分	理由	总分
互评			小组做到了： 小组不足： 给小组的建议：	小组自我评价： 小组做到了：
			小组做到了： 小组不足： 给小组的建议：	小组不足：
			小组做到了： 小组不足： 给小组的建议：	给小组的建议： 组长签名：
			小组做到了： 小组不足： 给小组的建议：	
			小组做到了： 小组不足： 给小组的建议：	

教师评语及建议	

八、备忘录

学习活动四　一般车险接待展示与评价

一、学习目标

（1）根据工作情景制定事故车辆接待方案。
（2）能按照规范进行事故车辆接待。

二、建议学时

4学时。

三、学习资源

教学汽车一辆、扩音器4个、服务接待台及椅子、车辆四件套、接车夹、问诊单、任务委托书、结算单、保险单、教材、电话、网络资源、多媒体教学设备。

四、工作情景描述

一位顾客车辆发生一般事故后，电话联系保险理赔顾问，请运用所学的知识，完成一般车险车辆接待理赔。

五、学习准备

问题1：小组完善顾客及车辆出险情景设计。

内容要求：出险时间、地点、人物、车牌及车型、涉及保险公司、出险情况、人伤情况。

（1）根据所给保单信息（见图3-4-1），请写出涉及赔付的保险险种：

_____
_____

承保险别	保险金额/责任限额（元）	每次事故绝对免赔额	每次事故绝对免赔率	保险费（元）
机动车第三者责任保险	1 000 000.0	—	—	428.65
机动车损失保险	57 655.4	—	—	708.98
机动车车上人员责任保险（司机）	50 000.0	—	—	34.42
机动车车上人员责任保险（乘客）	50 000.0/座×4座	—	—	65.61
道路救援服务特约条款	2（次）	—	—	0.00
车辆安全检测特约条款	1（次）	—	—	0.00
代为驾驶服务特约条款	1（次）	—	—	0.00
代为送检服务特约条款	1（次）	—	—	0.00

图 3-4-1　保单信息

（2）为了顺利完成车辆的保险理赔工作，顾客来站时应携带的资料包括：

_____

_____

六、计划与决策

问题 2：根据本组任务分配，完成小组角色分工并完成表 3-4-1。

表 3-4-1　小组分工

策划员		报案员	
顾客		定损员	
理赔顾问		查勘员	
收银员		点评员	
维修技工			

问题 3：根据顾客发生的事故类型，制定本组接待的主要流程和每个流程的要点。

七、实施与反馈

问题 4：根据本组的背景设计，选派队员进行流程演练，并填写"保险车辆事故现场查勘记录""机动车保险索赔申请书""估损单""任务委托书""结算单""旧件回收清单"，请其他同学结合评价表的内容进行点评，点评时应具体指出做得好的和建议改进的项目。

问题 5：根据上述顾客出险情况填写"保险车辆事故现场查勘记录"（见表 3-4-2）。

表 3-4-2　保险车辆事故现场查勘记录表

	序号	保险标的（A）	第三者（B）	第三者（C）
现场询问查勘情况	车牌号码			
	厂牌型号			
	车主名称			
	车架号			
	交强险保单号			
	商业险保单号			
	出险司机姓名			
	出险时间	年　月　日　时　分	出险地点：	
	查勘时间	年　月　日　时　分	查勘地点：	
	车辆的行驶方向、出险原因、事故碰撞点及损失部分：		现场草图： N↑	
	其他（□财物损失　□人伤）情况			
标的情况	驾驶证有效期	年　月	行驶证年检有效期	年　月
	出险时使用性质	□营运　□非营运	车架号与保单是否一致	□是　□否
	司机与被保险人关系	□财物损失　□人伤	（关系：　　被保险人电话：	）
查勘意见	责任初步估计：A车负＿＿＿＿责任；B车负＿＿＿＿责任；C车负＿＿＿＿责任 其他说明事项：			

本人对以上认定属实，如有虚假，愿意承担法律责任
出险司机签名：A＿＿＿＿＿＿　B＿＿＿＿＿＿　C＿＿＿＿＿＿
出险司机电话：A＿＿＿＿＿＿　B＿＿＿＿＿＿　C＿＿＿＿＿＿
　　　　　　　　　　　　　　　　　　　　　　　　　　　年　月　日

问题 6：协助顾客完成"机动车保险索赔申请书"的填写，如表 3-4-3 所示。

表 3-4-3 机动车辆保险索赔申请书

报案号码：

被保险人		联系电话	
地址		邮政编码	
车牌号码		厂牌型号	
发动机号码		车架号码	
交强险保单号		承保公司	
商业险保单号		承保公司	

报案人		联系电话		出险驾驶人		联系电话	
出险时间	年 月 日 时 分			出险地点			
出险原因	□碰撞 □倾覆 □盗抢 □火灾 □爆炸 □台风 □自燃 □暴雨 □其他						
开户名称				账号		开户银行	

其他事故方交强险信息						
车牌号码	厂牌型号	被保险人	交强险保单号	承保公司	定损公司

出险经过及损失情况

兹声明本被保险人报案时所陈述以及现在所填写和提供的资料均为真实情况，没有任何虚假或隐瞒，否则，愿放弃本保险单之一切权利并承担相应的法律责任。现就本次事故向贵司提出正式索赔。

被保险人（索赔权益人）签章：
年 月 日

特别声明：
1. 本索赔申请书是被保险人就所投保险种向保险人提出索赔的书面凭证。
2. 保险人受理报案、现场查勘、估损核损、参与诉讼、进行抗辩、向被保险人提供专业建议等行为，均不构成保险人对赔偿责任的承诺

24 小时顾客服务电话：400*******

问题 7：顾客车辆的事故损失估价需要在通知保险公司定损前完成，请根据工作情景完成估损单的填写，如表 3-4-4 所示。

表 3-4-4　估损单

车牌号：			车型：		工单号：	
入厂里程数：			购车时间：		VIN（车架码）：	
序号	维修项目（注明：更换、修理）	工时费	零件名称	数量	材料费	备注
工时费合计：			材料费合计：		费用合计：	

问题 8：定损员进行定损时，理赔顾问应陪同定损员确认车辆损伤情况、维修项目及维修方案，并与顾客进行估时估价，最终与顾客签订"任务委托书"，如表 3-4-5 所示。

表 3-4-5　任务委托书

	_____特约维修中心任务委托书							
						委托书号：		
客户		联系人		电话		车内贵重物品		
地址				进厂日期		预交车日期		
车牌	车型	颜色	底盘号	发动机号	里程	购车日期	是否洗车	
客户描述									
维修项目									
项目代码	项目名称			工时费	项目性质		主修人	完工时间	
小计：									
维修增项									
项目名称				工时费	性质		确认方式	客户签名	
预估配件									
备件名称	性嗣		数量	单位		合计	其他	
小计：									
预估合计费用：_____									
互检（班组长）：_____		质检：____机修：____钣金：____油漆：____						
负责人：_____		服务顾问：_____	客户签字：_____				
地址：_____									
电话：_____									

问题 9：从保险公司取得核价单，核对定损项目及金额是否与预计一致。不一致时应及时追加。核对无误后提前一天通知顾客取车。理赔顾问应先准备好结算单（见表 3-4-6），再通知顾客交车。

表 3-4-6 结算单

_____特约维修中心结算单

结算日期：_____年_____月_____日

顾客		委托书号		车牌号	
联系人		电话		移动电话	
地址					
底盘号		进厂日期		发票号码	
车型		行驶里程		发动机号	
预计下次保养时间		下次保养里程		回访时间	

维修项目

项目代码	项目名称	工时费	性质	属性

应收工时费_____

维修备件

备件代码	备件名称	数量	单价	金额	性质

应收材料费_____

应收工时费：	实收工时费：	管理费：	辅料费：
应收材料费：	实收材料费：	施救费：	其他：
合计金额		已收金额		欠款金额	
现金收款		大写			

顾客签字：_____ 服务顾问：_____ 结算员：_____

经销商地址：_____

电话：_____

问题 10：理赔顾问填写"保险肇事车辆零部件残值回收清单"（见表 3-4-7），收齐旧配件待上交。

表 3-4-7　保险肇事车辆零部件残值回收清单

被保险人：		报案人：		年　月　日		车型：		厂牌：	
1		2		3		4		5	
6		7		8		9		10	
回收单位：		经办人：		回收件数（大写）：				回收地点：	

一般车险接待考核评价表如表 3-4-8 所示，一般车险接待考核团队评价表如表 3-4-9 所示。

表 3-4-8　一般车险接待考核评价表

考核项目	评价内容	评价等级 分值	得分
团队合作	团队是否都参与、分工明确	5	
安全	有无安全隐患	5	
现场 5S	是否做到	5	
方案设计	工作情景设计合理、完整（漏一项扣 0.5 分）	15	
表现力	个人仪容仪表及肢体语言是否专业并具有亲和力	5	
	角色扮演合理，符合身份	10	
小计总分 45 分			
操作过程点评	是否主动迅速接待，安抚顾客	5	
	是否协助定损员定损、协商维修项目	10	
	是否与顾客进行费用和时间预估，并与顾客确认	10	
	是否及时跟进车辆维修进度，并反馈给顾客	10	
	是否进行交车前检查	5	
	是否与顾客进行维修内容和费用解释	10	
	是否按保险公司要求提交资料，理赔材料齐全	5	
小计总分 55 分			
小组自我评价	做到了： 不足： 建议：	组长签名：	
教师评语及建议			

表 3-4-9 一般车险接待考核团队评价表

小组互评	团队分值为理赔顾问、顾客角色、点评分值的平均分							
	组别	理赔顾问	顾客角色	定损员	查勘员	报案员	团队	理由
								做到了： 不足： 建议：
								做到了： 不足： 建议：
								做到了： 不足： 建议：
								做到了： 不足： 建议：
								做到了： 不足： 建议：
								做到了： 不足： 建议：
教师评语及建议								

八、备忘录

学习任务四　汽车保险承保

一、学习目标

（1）能描述汽车保险的基本原则。
（2）能认知汽车保险合同的常识。
（3）能填写顾客的交强险和商业险的保单内容。
（4）能分析汽车各投保方式的优缺点。
（5）能通过顾客需求制定投保方案。
（6）能根据顾客需求推荐适合的保单。
（7）能通过电话营销进行车辆保险销售。

二、建议课时

12学时。

三、学习活动

学习活动一　汽车保险合同认知
学习活动二　汽车保险投保
学习活动三　汽车保险销售

四、工作情景描述

根据机动车购买和使用的特点，购买机动车保险成为降低驾乘机动车风险的重要手段和途径。顾客在与理赔顾问业务接触的过程中会更加切实体会到保险的重要性。因此，如何帮助顾客正确选择汽车保险产品就成为理赔顾问的基本职业能力。

学习活动一　汽车保险合同认知

一、学习目标

（1）能描述汽车保险的基本原则。
（2）能认知汽车保险合同常识。
（3）能填写顾客交强险和商业险的保单内容。

二、建议学时

4学时。

三、学习资源

汽车一辆、扩音器3个、业务接待台及椅子、座椅套、资料、电话、网络资源。

四、工作情景描述

汽车保险合同是保障顾客用车利益、降低用车风险的法律文书，同时也是理赔顾问进行保险处理理赔业务时的依据。因此，全面掌握汽车保险合同，才能更好地帮助顾客对汽车保险做出正确选择。

五、学习准备

问题1：汽车保险的基本原则。

（1）保险利益原则：

保险利益是_____对_____具有的法律上承认的利益，它体现了_____与_____之间的利害关系。它应当具有三个要素：_____；_____；_____。

（2）最大诚信原则：要求保险双方当事人对_____，包括_____、_____、_____、_____的内容。

（3）近因原则：造成_____的损害的_____、_____、_____的_____。

（4）损失补偿原则：保险事故发生后，_____在其责任范围内，对_____遭受的_____进行赔偿的原则，包括_____、_____、_____。

（5）分摊原则：适用于_____业务中的_____，指_____所能得到的赔偿金由_____采取适当的办法进行_____。

（6）代位追偿原则：指_____中，由于_____的过错致使_____发生保险责任范围内的损失，_____按照_____的约定给付了保险金后，_____得_____的地位，行使向_____进行_____的权利。

应具备的条件：_____；_____；_____。

问题 2：保险活动中三种保险活动的辅助人。

（1）代理人：根据_____的委托，向_____收取代理手续费，并在_____授权的范围内代为办理保险业务的_____或_____。

（2）经纪人：基于_____的利益，为_____与_____订立保险合同提供中介服务，并依法收取佣金的_____。

（3）公估人：为保险合同中的_____或_____办理_____查勘、鉴定、估损、赔款理算，并予以证明的_____。

问题 3：保险合同的订立是_____与_____基于_____做出的法律行为。

（1）告知义务：保险业务人员在向投保人展示业务时必须做好以下工作。

_____

_____

（2）投保人具有的义务：

_____

_____

问题 4：汽车保险合同的变更。

在_____，_____和_____经协商同意，可以变更保险合同的内容。变更保险合同的，应当由_____在_____。

汽车保险合同的变更主要包括_____

问题 5：汽车保险合同的解除。

种类：

（1）_____
（2）_____
（3）_____
（4）_____
（5）_____

问题 6：汽车保险合同的争议处理。

保险合同的争议通常采取_____、_____、_____、_____四种方式处理。

六、计划与决策

问题 7：小组设计新车客户的投保保单，其中包括"机动车交通事故责任强制保险单"（见表 4-1-1）和"机动车商业保险单"（见表 4-1-2）。

表 4-1-1　机动车交通事故责任强制保险单

保险单号：＿＿＿＿＿＿＿

被保险人						
被保险人身份证号码（组织机构代码）						
地址				联系电话		
被保险机动车	号牌号码		机动车种类		使用性质	
	发动机号码		识别代码（车架号）			
	厂牌型号		核对载客	人	核定载质量	千克
	排量		功率		登记日期	
责任限额	死亡伤残赔偿限额		元	无责任死亡伤残赔偿限额		元
	医疗费用赔偿限额		元	无责任医疗费用赔偿限额		元
	财产损失赔偿限额		元	无责任财产损失赔偿限额		元
与道路交通安全违法行为和道路交通事故相联系的浮动比例						%
保险费合计（人民币大写）：				（小写		元）
保险期间自　　　年　　月　　日零时起至　　　年　　月　　日二十四时止						
保险合同争议解决方式						
代缴车船税	整备质量		纳税人识别号			
	当年应缴	元	往年补缴	元	滞纳金	元
	合计（人民币大写）：			（小写		元）
	完税凭证号（减免税证明号）			开具税务机关		
特别约定						
重要提示	1. 请详细阅读保险条款，特别是责任免除和投保人、被保险人义务。 2. 收到本保险单后，请立即核对，如有不符或疏漏，请及时通知保险人并办理变更或补充手续。 3. 保险费应一次性交清，请您及时核对保险单和发票。如有不符，请及时与保险人联系。 4. 保险车辆因改装、加装、改变使用性质等导致危险程度显著增加以及转卖、赠送他人的，投保人或被保险人应立即书面通知保险人并办理变更手续。 5. 发生保险事故后，被保险人应立即通知保险人					
保险人	公司名称： 公司地址： 邮政编码：　　　　　　　　　服务电话：　　　　　　　　签单日期：					

核保：　　　　　　　　　　　　制单：　　　　　　　　　　　　经办：

表 4-1-2　机动车商业保险单

保险单号：_____

被保险人			行驶证车主		
被保险人身份证号码（组织机构代码）			地址		
号牌号码		号牌颜色		机动车种类		厂牌型号	
发动机号码			识别代码（车架号）		车身颜色	
核定载客	人	核定载质量	千克	排量		行驶区域	
新车购置价	元	登记日期		适用性质		车辆用途	
承保险别	保险金额/赔偿限额/元	保费/元	承保险别	保险金额/赔偿限额/元	保费/元
保险费合计	大写：　　　　　　　　　　　　　　　　　（小写：　　　　　　　　）
保险期间	自　　年　　月　　日零时起至　　年　　月　　日二十四时止
保险合同争议解决方式	
特别约定	
重要提示	1. 本保险合同由保险条款、投保单、保险单、批单和特别约定组成。 2. 保险单背附保险条款内容与投保单相同，请再次阅读保险单所承保险对应的保险条款，特别是黑体字标注部分的免除保险人责任条款。 3. 收到本保险单、承保险别对应的保险条款后，请立即核对，如有不符或疏漏，请在48小时内书面通知保险人并办理变更或补充手续；超过48小时未通知的，视为投保人无异议。 4. 保险车辆因改装、加装、改变使用性质等导致危险程度显著增加以及转卖、赠送他人的，投保人或被保险人应立即书面通知保险人并办理变更手续。 5. 发生保险事故后，被保险人应立即通知保险人。报案及服务电话：×××××
保险人	公司名称：　　　　　　　　　　公司地址： 邮政编码：　　　　　服务电话：　　　　　签单日期：

核保：　　　　　　　　　　制单：　　　　　　　　　　经办：

七、实施与反馈

根据测评情况填写表 4-1-3。

表 4-1-3　学习活动评价表

项目	评价内容	评价等级	
		分值	得分
自评	准备工作清晰、完整	2	
	回答问题准确、完整	2	
	按时完成工作任务	2	
	遵守纪律，遵守学习场所管理规定，服从安排	2	
	具有团队合作意识，注重沟通，能自主学习及相互协作	2	
互评	组别　评分　理由	总分	
	小组做到了： 　　　　　　小组不足： 　　　　　　给小组的建议：	小组自我评价： 小组做到了：	
	小组做到了： 　　　　　　小组不足： 　　　　　　给小组的建议：	小组不足：	
	小组做到了： 　　　　　　小组不足： 　　　　　　给小组的建议：	给小组的建议：	
	小组做到了： 　　　　　　小组不足： 　　　　　　给小组的建议：	组长签名：	
教师评语及建议			

八、备忘录

学习活动二　汽车保险投保

一、学习目标

（1）能分析各投保方式的优缺点。
（2）能通过顾客需求制定投保方案。

二、建议学时

4学时。

三、学习资源

汽车一辆、扩音器3个、业务接待台及椅子、座椅套、资料、电话、网络资源。

四、工作情景描述

作为理赔顾问，你需要分析不同投保方式的优缺点，根据顾客的用车习惯、性质及个人风险偏好提供不同的保险险种，并根据顾客需求制定投保方案。

五、学习准备

问题1：常见汽车保险投保方式，请分析各投保方式优缺点，如表4-2-1所示。

表4-2-1　各投保方式的优缺点

投保方式		特点	优点	缺点
保险公司	店内投保			
	网络投保			
	电话投保			
4S店兼业代理				
专业代理公司				
保险经纪公司				

六、计划与决策

问题2：根据表4-2-2中不同的顾客背景制定不同的保险险种并说明理由。

表 4-2-2　不同的顾客背景选择不同的保险险种

顾客背景	选择保险险种	说明理由
29 岁的张先生，驾龄 5 年，经济状况中等，自用一辆使用一年的小汽车，新车购置价 12 万元，住的小区和办公地点有停车场，经常驾车出游		
公司新购一辆商务车，公务用车，主要用途为接送公司客户		
25 岁的王小姐，新手刚买了一辆小汽车，经济状况中等，主要用途为平时上下班		
30 岁的李先生，驾龄 3 年，玩车族，刚改装一辆小汽车		

七、实施与反馈

反思性问题：你觉得还有哪些因素会影响顾客选择保险方案？

_____

根据测评情况填写表 4-2-3。

表 4-2-3　学习活动评价表

项目	评价内容	评价等级	
		分值	得分
自评	准备工作清晰、完整	2	
	回答问题准确、完整	2	
	按时完成工作任务	2	
	遵守纪律，遵守学习场所管理规定，服从安排	2	
	具有团队合作意识，注重沟通，能自主学习及相互协作	2	
互评	组别　评分　理由	总分	
	小组做到了： 小组不足： 给小组的建议：	小组自我评价： 小组做到了：	
	小组做到了： 小组不足： 给小组的建议：	小组不足：	
	小组做到了： 小组不足： 给小组的建议：	给小组的建议：	
	小组做到了： 小组不足： 给小组的建议：	组长签名：	
教师评语及建议			

八、备忘录

学习活动三　汽车保险销售

一、学习目标
（1）能根据顾客需求推荐合适的保单。
（2）能通过电话营销进行保险销售。

二、建议学时
4学时。

三、学习资源
汽车一辆、扩音器3个、业务接待台及椅子、座椅套、资料、电话、网络资源。

四、工作情景描述
作为理赔顾问，你应根据顾客需求推荐合适的保单，并能通过电话营销进行保险销售。

五、学习准备
问题1： 作为理赔顾问，公司要求对顾客进行保险销售。请各小组自行设计顾客背景。

_____

_____

💡 **小提示**

在设计顾客背景时，想想哪些信息会影响顾客购买车辆保险。

问题2： 应对不同的顾客设计不同的保险险种并说明原因。

_____

_____

六、计划与决策
问题3： 根据设计的顾客背景，写出本组保险销售方案，并写出电话销售话术。

_____

_____

_____

💡 **小知识**

（1）成功的电话销售有三个阶段，每个阶段需要对应的技能：

第一阶段，引发顾客的兴趣（说明打电话的原因）。

第二阶段，获得顾客的信任（介绍你和你的公司）。

第三阶段，有利的合约（我公司的服务对客户有什么好处）。

（2）"在30秒内抓住对方的注意力"是成为一名电话销售人员的一项基本修炼，那如何做到这一点呢？

① 请求帮忙法。

② 第三者介绍法。

③ 牛群效应法。

④ 激起兴趣法。

⑤ 巧借"东风"法。

⑥ 老客户回访。

七、实施与反馈

问题4：根据各组背景设计，选派队员进行汽车保险销售演练，并填写"机动车交通事故责任强制保险单"（见表4-3-1）和"机动车商业保险单"（见表4-3-2），请其他同学结合评价表的内容进行点评，点评时应具体指出做得好的和建议改进的项目。

表 4-3-1　机动车交通事故责任强制保险单

保险单号：_____

	被保险人					
	被保险人身份证号码（组织机构代码）					
	地址			联系电话		
被保险机动车	号牌号码		机动车种类		使用性质	
	发动机号码		识别代码（车架号）			
	厂牌型号		核对载客	人	核定载质量	千克
	排量		功率		登记日期	
责任限额	死亡伤残赔偿限额	110 000 元		无责任死亡伤残赔偿限额		11 000 元
	医疗费用赔偿限额	10 000 元		无责任医疗费用赔偿限额		1 000 元
	财产损失赔偿限额	2 000 元		无责任财产损失赔偿限额		100 元
	与道路交通安全违法行为和道路交通事故相联系的浮动比例					%
	保险费合计（人民币大写）：			（小写		元）
	保险期间自　　　年　　月　　日零时起至　　　年　　月　　日二十四时止					
	保险合同争议解决方式					
代缴车船税	整备质量			纳税人识别号		
	当年应缴	元	往年补缴	元	滞纳金	元
	合计（人民币大写）：			（小写		元）
	完税凭证号（减免税证明号）			开具税务机关		
特别约定						
重要提示	1. 请详细阅读保险条款，特别是责任免除和投保人、被保险人义务。 2. 收到本保险单后，请立即核对，如有不符或疏漏，请及时通知保险人并办理变更或补充手续。 3. 保险费应一次性交清，请您及时核对保险单和发票。如有不符，请及时与保险人联系。 4. 保险车辆因改装、加装、改变使用性质等导致危险程度显著增加以及转卖、赠送他人的，投保人或被保险人应立即书面通知保险人并办理变更手续。 5. 发生保险事故后，被保险人应立即通知保险人					
保险人	公司名称： 公司地址： 邮政编码：　　　　　服务电话：　　　　　签单日期：					

核保：　　　　　　　　　　　制单：　　　　　　　　　　　经办：

表 4-3-2　机动车商业保险单

保险单号：_____

被保险人			行驶证车主		
被保险人身份证号码（组织机构代码）			地址		
号牌号码		号牌颜色		机动车种类		厂牌型号	
发动机号码			识别代码（车架号）		车身颜色	
核定载客		人	核定载质量	千克	排量		行驶区域	
新车购置价		元	登记日期		适用性质		车辆用途	
承保险别	保险金额/赔偿限额/元	保费/元	承保险别	保险金额/赔偿限额/元	保费/元
保险费合计	大写：　　　　　　　　　　　　　　　　　　　　（小写：　　　　　　）				
保险期间	自　　　年　　月　　日零时起至　　　年　　月　　日二十四时止				
保险合同争议解决方式					
特别约定					
重要提示	1. 本保险合同由保险条款、投保单、保险单、批单和特别约定组成。 2. 保险单背附保险条款内容与投保单相同，请再次阅读保险单所承保险对应的保险条款，特别是黑体字标注部分的免除保险人责任条款。 3. 收到本保险单、承保险别对应的保险条款后，请立即核对，如有不符或疏漏，请在48小时内书面通知保险人并办理变更或补充手续；超过48小时未通知的，视为投保人无异议。 4. 保险车辆因改装、加装、改变使用性质等导致危险程度显著增加以及转卖、赠送他人的，投保人或被保险人应立即书面通知保险人并办理变更手续。 5. 发生保险事故后，被保险人应立即通知保险人。报案及服务电话：×××××				
保险人	公司名称：　　　　　　　　　　　　公司地址： 邮政编码：　　　　服务电话：　　　　签单日期：				

核保：　　　　　　　　　　制单：　　　　　　　　　　经办：

根据测评情况填写表 4-3-3。

表 4-3-3 学习活动评价表

项目	评价内容	评价等级	
		分值	得分
自评	工作情景设计合理、完整（漏一项扣 0.5 分）	2	
	演练完整、清晰（漏一项扣 0.5 分）	2	
	个人仪容仪表及肢体语言是否专业并具有亲和力	1	
	电话营销技巧运用得当	1	
	角色扮演合理，符合身份	2	
	遵守纪律、遵守学习场所管理规定，服从安排	1	
	团队合作意识，注重沟通，能自主学习及相互协作	1	
互评	组别	评分	理由	总分	
			小组做到了： 小组不足： 给小组的建议：	小组自我评价： 小组做到了：	
			小组做到了： 小组不足： 给小组的建议：	小组不足：	
			小组做到了： 小组不足： 给小组的建议：	给小组的建议：	
			小组做到了： 小组不足： 给小组的建议：	组长签名：	
			小组做到了： 小组不足： 给小组的建议：		
教师评语及建议				

八、备忘录

💡 **学习材料**

一、保险单模板

中国银行保险监督管理委员会监制　　　　　　　　　　　　　　　　　　　　　　限在深圳市销售
本保单为中介业务，中介机构名称：深圳市××保险代理有限公司。

机动车交通事故责任强制保险单（电子保单）

投保验证码回填时间：
收费确认时间：2020-11-10 11:31　　　　POS交易参考号：
投保确认时间：2020-11-10 11:31　　　　深×××××
生成保单时间：2020-11-10 11:31　　　　保险单号：×××××

被保险人					
被保险人身份证号码（统一社会信用代码）					
地址	×××××			联系电话	
被保险机动车	号牌号码		机动车种类	客车	使用性质	家庭自用汽车
	发动机号码	×××××	识别代码（车架号）	×××××		
	厂牌型号	×××××	核定载客	5 人	核定载质量	0.000 千克
	排量	1.4970L	功率	0KW	登记日期	2014-12-01
责任限额	死亡伤残赔偿限额		180 000元	无责任死亡伤残赔偿限额		18 000元
	医疗费用赔偿限额		18 000元	无责任医疗费用赔偿限额		1 800元
	财产损失赔偿限额		2 000元	无责任财产损失赔偿限额		100元
与道路交通安全违法行为和道路交通事故相联系的浮动比例						0.00 %
保险费合计（人民币大写）：陆佰陆拾伍元整			（¥：665.00元）其中救助基金（%）¥：0.00元		
保险期间自		2020年12月02日0时起至2021年12月01日24时止			
保险合同争议解决方式		诉讼			
代收车船税	整备质量	1 720.00	纳税人识别号	×××××	
	当年应缴	¥：0.00元	往年补缴	¥：0.00元	滞纳金	¥：0.00元
	合计（人民币大写）：零元整					（¥：0.00元）
	完税凭证号（减免税证明号）	×××××	开具税务机关		深圳市税务局
特别约定	1.保险期间内，如发生本保险合同约定的保险事故造成被保险车辆损失或第三者财产损失，保险人可采取实物赔付或现金赔付方式进行保险赔付。选择采取实物赔付方式的，由保险人和被保险人在事故车辆修理前签订《实物赔付确认书》。 特别提示：除法律法规另有约定外，投保人拥有保险合同解除权，涉及（减）退保保费的，退还给投保人。 本保单投保人为：×××				
重要提示	1.请详细阅读保险条款，特别是责任免除和投保人、被保险人义务。 2.收到保险单后，请立即核对，如有不符或疏漏，请及时通知保险人并办理变更或补充手续。 3.保险费应一次性交清，请您及时核对保险单和发票（收据），如有不符，请及时与保险人联系。 4.投保人应如实告知对保险费计算有影响的或被保险机动车因改装、加装、改变使用性质等导致危险程度增加的重要事项，并及时通知保险人办理批改手续。 5.被保险人应当在交通事故发生后及时通知保险人。　　投保确认码：×××××				
保险人	公司名称：×××××				
	公司地址：×××××				
	邮政编码：×××	服务电话：×××	签单日期：2020-11-10		（保险人签章）
核保：自动核保			制单：×××		经办：×××

092

中国银行保险监督管理委员会监制　　　　　　　　　　　　　　　　　　　　　限在深圳市销售

投保确认码：×××××

投保验证码回填时间：
收费确认时间：2020-11-10 11:31　　　　　**机动车商业保险保险单**
生成保单时间：2020-11-10 11:31

×××××
POS交易参考号：
深：×××××
保险单号：×××××

鉴于投保人已向保险人提出投保申请，并同意按约定交付保险费，保险人依照承保险种及其对应条款和特别约定承担赔偿责任。

被保险人						
车主						
保险车辆情况	号牌号码		厂牌型号	×××××		
	VIN码/车架号	×××××	发动机号	×××××		
	核定载客	5 人	核定载质量	0.000 千克	初次登记日期	2014-12-01
	使用性质	家庭自用汽车	年平均行驶里程	10000.00 公里	机动车种类	客车

承保险种	绝对免赔率	费率浮动(+/-)	保险金额/责任限额	保险费（元）
机动车损失保险		/	90 482.40	1356.41
机动车第三者责任保险		/	1 000 000.00	428.64
机动车车上人员责任保险（司机）		/	50 000.00/座*1座	34.42
机动车车上人员责任保险（乘客）		/	50 000.00/座*4座	65.61
附加机动车增值服务特约条款（道路救援服务）（7次）		/		0.00

特别提示：除法律法规另有约定外，投保人拥有保险合同解除权，涉及（减）退保保费的，退还给投保人。

本保单投保人为：

保险费合计（人民币大写）：　壹仟捌佰捌拾伍元零捌分　　　　　　　　　　　（¥）　1,885.08　元

保险期间　自2020年12月02日0时起至2021年12月01日24时止

特别约定	1.尊敬的客户，为维护您的合法权益，现将您本次购买车辆保险的渠道相关信息告知如下： 销售渠道：□保险公司门店直销 □电话销售 □互联网销售 □个人代理 □车辆经销商代理 √保险中介机构代理 □其他 渠道名称及联系电话：深圳市天合保险代理有限公司25884605 2.理赔服务承诺： 3.保险期间内，如发生本保险合同约定的保险事故造成被保险车辆损失或第三者财产损失，保险人可采取实物赔付或现金赔付方式进行保险赔付。选择采取实物赔付方式的，由保险人和被保险人在事故车辆修理前签订《实物赔付确认书》。

保险合同争议解决方式　诉讼

重要提示	1.本保险合同由保险条款、投保单、保险单、批单和特别约定组成。 2.收到本保险单、承保险种对应的保险条款后，请立即核对，如有不符或疏漏，请及时通知保险人并办理变更或补充手续。 3.请详细阅读承保险种对应的保险条款，特别是责任免除、投保人被保险人义务、赔偿处理和通用条款等。 4.被保险机动车被转让、改装、加装或改变使用性质等，导致被保险机动车危险程度显著增加，应及时通知保险人。 5.被保险人应当在保险事故发生后及时通知保险人。 6.被保险人可通过保险人网站自主查询承保理赔信息。

保险人	公司名称：×××××	公司地址：×××××
		联系电话：×××　网址：×××
	邮政编码：×××	签单日期：2020-11-10　　　（保险人签章）

核保：自动核保　　　　　　　　　　制单：×××　　　　　　　　　　经办：×××

本保单为中介业务，中介机构名称：深圳市××保险代理有限公司。

093

二、机动车交通事故责任强制保险条款

特别提示：为充分保障您的权益，请您仔细阅读本条款。机动车交通事故责任强制保险向您提供的是因交通事故造成的对受害人损害赔偿责任风险的基本保障。每辆机动车只需投保一份机动车交通事故责任强制保险，请不要重复投保。

在投保本保险后，您可以投保其他机动车保险。

机动车交通事故责任强制保险条款

总　则

第一条　根据《中华人民共和国道路交通安全法》《中华人民共和国保险法》《机动车交通事故责任强制保险条例》等法律、行政法规，制定本条款。

第二条　机动车交通事故责任强制保险（以下简称交强险）合同由本条款与投保单、保险单、批单和特别约定共同组成。凡与交强险合同有关的约定，都应当采用书面形式。

第三条　交强险费率实行与被保险机动车道路交通安全违法行为、交通事故记录相联系的浮动机制。

签订交强险合同时，投保人应当一次支付全部保险费。保险费按照中国银行保险监督管理委员会（以下简称银保监会）批准的交强险费率计算。

定　义

第四条　交强险合同中的被保险人是指投保人及其允许的合法驾驶人。

投保人是指与保险人订立交强险合同，并按照合同负有支付保险费义务的机动车的所有人、管理人。

第五条　交强险合同中的受害人是指因被保险机动车发生交通事故遭受人身伤亡或者财产损失的人，但不包括被保险机动车本车车上人员、被保险人。

第六条　交强险合同中的责任限额是指被保险机动车发生交通事故，保险人对每次保险事故所有受害人的人身伤亡和财产损失所承担的最高赔偿金额。责任限额分为死亡伤残赔偿限额、医疗费用赔偿限额、财产损失赔偿限额以及被保险人在道路交通事故中无责任的赔偿限额。其中无责任的赔偿限额分为无责任死亡伤残赔偿限额、无责任医疗费用赔偿限额以及无责任财产损失赔偿限额。

第七条　交强险合同中的抢救费用是指被保险机动车发生交通事故导致受害人受伤时，医疗机构对生命体征不平稳和虽然生命体征平稳但如果不采取处理措施会产生生命危险，或者导致残疾、器官功能障碍，或者导致病程明显延长的受害人，参照国务院卫生主管部门组织制定的交通事故人员创伤临床诊疗指南和国家基本医疗保险标准，采取必要的处理措施所发生的医疗费用。

保险责任

第八条　在中华人民共和国境内（不含港、澳、台地区），被保险人在使用被保险机动车过程中发生交通事故，致使受害人遭受人身伤亡或者财产损失，依法应当由被保险人承担的损害赔偿责任，保险人按照交强险合同的约定对每次事故在下列赔偿限额内负责赔偿：

（一）死亡伤残赔偿限额为 180 000 元；

（二）医疗费用赔偿限额为 18 000 元；

（三）财产损失赔偿限额为 2 000 元；

（四）被保险人无责任时，无责任死亡伤残赔偿限额为 18 000 元；无责任医疗费用赔偿限额为 1 800 元；无责任财产损失赔偿限额为 100 元。

死亡伤残赔偿限额和无责任死亡伤残赔偿限额项下负责赔偿丧葬费、死亡补偿费、受害人亲属办理丧葬事宜支出的交通费用、残疾赔偿金、残疾辅助器具费、护理费、康复费、交通费、被扶养人生活费、住宿费、误工费，被保险人依照法院判决或者调解承担的精神损害抚慰金。

医疗费用赔偿限额和无责任医疗费用赔偿限额项下负责赔偿医药费、诊疗费、住院费、住院伙食补助费，必要的、合理的后续治疗费、整容费、营养费。

垫付与追偿

第九条 被保险机动车在本条（一）至（四）之一的情形下发生交通事故，造成受害人受伤需要抢救的，保险人在接到公安机关交通管理部门的书面通知和医疗机构出具的抢救费用清单后，按照国务院卫生主管部门组织制定的交通事故人员创伤临床诊疗指南和国家基本医疗保险标准进行核实。对于符合规定的抢救费用，保险人在医疗费用赔偿限额内垫付。被保险人在交通事故中无责任的，保险人在无责任医疗费用赔偿限额内垫付。对于其他损失和费用，保险人不负责垫付和赔偿。

（一）驾驶人未取得驾驶资格的；

（二）驾驶人醉酒的；

（三）被保险机动车被盗抢期间肇事的；

（四）被保险人故意制造交通事故的。

对于垫付的抢救费用，保险人有权向致害人追偿。

责任免除

第十条 下列损失和费用，交强险不负责赔偿和垫付：

（一）因受害人故意造成的交通事故的损失；

（二）被保险人所有的财产及被保险机动车上的财产遭受的损失；

（三）被保险机动车发生交通事故，致使受害人停业、停驶、停电、停水、停气、停产、通信或者网络中断、数据丢失、电压变化等造成的损失以及受害人财产因市场价格变动造成的贬值、修理后因价值降低造成的损失等其他各种间接损失；

（四）因交通事故产生的仲裁或者诉讼费用以及其他相关费用。

保险期间

第十一条 除国家法律、行政法规另有规定外，交强险合同的保险期间为一年，以保险单载明的起止时间为准。

投保人、被保险人义务

第十二条 投保人投保时，应当如实填写投保单，向保险人如实告知重要事项，并提供被保险机动车的行驶证和驾驶证复印件。重要事项包括机动车的种类、厂牌型号、识别代码、号牌号码、使用性质和机动车所有人或者管理人的姓名（名称）、性别、年龄、住所、身份证或者驾驶证号码（统一社会信用代码）、续保前该机动车发生事故的情况以及银保监会规定的其他事项。

投保人未如实告知重要事项，对保险费计算有影响的，保险人按照保单年度重新核定保险费计收。

第十三条 签订交强险合同时，投保人不得在保险条款和保险费率之外，向保险人提出附加其他条件的要求。

第十四条 投保人续保的，应当提供被保险机动车上一年度交强险的保险单。

第十五条 在保险合同有效期内，被保险机动车因改装、加装、使用性质改变等导致危险程度增加的，被保险人应当及时通知保险人，并办理批改手续。否则，保险人按照保单年度重新核定保险费计收。

第十六条 被保险机动车发生交通事故，被保险人应当及时采取合理、必要的施救和保护措施，并在事故发生后及时通知保险人。

第十七条 发生保险事故后，被保险人应当积极协助保险人进行现场查勘和事故调查。

发生与保险赔偿有关的仲裁或者诉讼时，被保险人应当及时书面通知保险人。

赔偿处理

第十八条 被保险机动车发生交通事故的，由被保险人向保险人申请赔偿保险金。被保险人索赔时，应当向保险人提供以下材料：

（一）交强险的保险单；

（二）被保险人出具的索赔申请书；

（三）被保险人和受害人的有效身份证明、被保险机动车行驶证和驾驶人的驾驶证；

（四）公安机关交通管理部门出具的事故证明，或者人民法院等机构出具的有关法律文书及其他证明；

（五）被保险人根据有关法律法规规定选择自行协商方式处理交通事故的，应当提供依照《交通事故处理程序规定》规定的记录交通事故情况的协议书；

（六）受害人财产损失程度证明、人身伤残程度证明、相关医疗证明以及有关损失清单和费用单据；

（七）其他与确认保险事故的性质、原因、损失程度等有关的证明和资料。

第十九条 保险事故发生后，保险人按照国家有关法律法规规定的赔偿范围、项目和标准以及交强险合同的约定，并根据国务院卫生主管部门组织制定的交通事故人员创伤临床诊疗指南和国家基本医疗保险标准，在交强险的责任限额内核定人身伤亡的赔偿金额。

第二十条 因保险事故造成受害人人身伤亡的，未经保险人书面同意，被保险人自行承诺或支付的赔偿金额，保险人在交强险责任限额内有权重新核定。

因保险事故损坏的受害人财产需要修理的，被保险人应当在修理前会同保险人检验，协商确定修理或者更换项目、方式和费用。否则，保险人在交强险责任限额内有权重新核定。

第二十一条 被保险机动车发生涉及受害人受伤的交通事故，因抢救受害人需要保险人支付抢救费用的，保险人在接到公安机关交通管理部门的书面通知和医疗机构出具的抢救费用清单后，按照国务院卫生主管部门组织制定的交通事故人员创伤临床诊疗指南和国家基本医疗保险标准进行核实。对于符合规定的抢救费用，保险人在医疗费用赔偿限额内支付。被保险人在交通事故中无责任的，保险人在无责任医疗费用赔偿限额内支付。

合同变更与终止

第二十二条 在交强险合同有效期内，被保险机动车所有权发生转移的，投保人应当及时通知保险人，并办理交强险合同变更手续。

第二十三条 在下列三种情况下，投保人可以要求解除交强险合同：

（一）被保险机动车被依法注销登记的；

（二）被保险机动车办理停驶的；

（三）被保险机动车经公安机关证实丢失的。

交强险合同解除后，投保人应当及时将保险单、保险标志交还保险人；无法交回保险标志的，应当向保险人说明情况，征得保险人同意。

第二十四条 发生《机动车交通事故责任强制保险条例》所列明的投保人、保险人解除交强险合同的情况时，保险人按照日费率收取自保险责任开始之日起至合同解除之日止期间的保险费。

附 则

第二十五条 因履行交强险合同发生争议的，由合同当事人协商解决。

协商不成的，提交保险单载明的仲裁委员会仲裁。保险单未载明仲裁机构或者争议发生后未达成仲裁协议的，可以向人民法院起诉。

第二十六条 交强险合同争议处理适用中华人民共和国法律。

第二十七条 本条款未尽事宜，按照《机动车交通事故责任强制保险条例》执行。

三、中国保险行业协会机动车商业保险示范条款（2020版）

总 则

第一条 本保险条款分为主险、附加险。

主险包括机动车损失保险、机动车第三者责任保险、机动车车上人员责任保险共三个独立的险种，投保人可以选择投保全部险种，也可以选择投保其中部分险种。保险人依照本保险合同的约定，按照承保险种分别承担保险责任。

附加险不能独立投保。附加险条款与主险条款相抵触的，以附加险条款为准，附加险条款未尽之处，以主险条款为准。

第二条 本保险合同中的被保险机动车是指在中华人民共和国境内（不含港、澳、台地区）行驶，以动力装置驱动或者牵引，上道路行驶的供人员乘用或者用于运送物品以及进行专项作业的轮式车辆（含挂车）、履带式车辆和其他运载工具，但不包括摩托车、拖拉机、特种车。

第三条 本保险合同中的第三者是指因被保险机动车发生意外事故遭受人身伤亡或者财产损失的人，但不包括被保险机动车本车车上人员、被保险人。

第四条 本保险合同中的车上人员是指发生意外事故的瞬间，在被保险机动车车体内或车体上的人员，包括正在上下车的人员。

第五条 本保险合同中的各方权利和义务，由保险人、投保人遵循公平原则协商确定。保险人、投保人自愿订立本保险合同。

除本保险合同另有约定外，投保人应在保险合同成立时一次交清保险费。保险费未交清前，本保险合同不生效。

第一章 机动车损失保险

保险责任

第六条 保险期间内，被保险人或被保险机动车驾驶人（以下简称"驾驶人"）在使用被保险机动车过程中，因自然灾害、意外事故造成被保险机动车直接损失，且不属于免除保险人责任的范围，保险人依照本保险合同的约定负责赔偿。

第七条 保险期间内，被保险机动车被盗窃、抢劫、抢夺，经出险地县级以上公安刑侦部门立案证明，满60天未查明下落的全车损失，以及因被盗窃、抢劫、抢夺受到损坏造成的直接损失，且不属于免除保险人责任的范围，保险人依照本保险合同的约定负责赔偿。

第八条 发生保险事故时，被保险人或驾驶人为防止或者减少被保险机动车的损失所支付的必要的、合理的施救费用，由保险人承担；施救费用数额在被保险机动车损失赔偿金额以外另行计算，最高不超过保险金额。

责任免除

第九条 在上述保险责任范围内，下列情况下，不论任何原因造成被保险机动车的任何损失和费用，保险人均不负责赔偿：

（一）事故发生后，被保险人或驾驶人故意破坏、伪造现场，毁灭证据；

（二）驾驶人有下列情形之一者：

1. 交通肇事逃逸；
2. 饮酒、吸食或注射毒品、服用国家管制的精神药品或者麻醉药品；
3. 无驾驶证，驾驶证被依法扣留、暂扣、吊销、注销期间；
4. 驾驶与驾驶证载明的准驾车型不相符合的机动车。

（三）被保险机动车有下列情形之一者：

1. 发生保险事故时被保险机动车行驶证、号牌被注销；
2. 被扣留、收缴、没收期间；
3. 竞赛、测试期间，在营业性场所维修、保养、改装期间；
4. 被保险人或驾驶人故意或重大过失，导致被保险机动车被利用从事犯罪行为。

第十条 下列原因导致的被保险机动车的损失和费用，保险人不负责赔偿：

（一）战争、军事冲突、恐怖活动、暴乱、污染（含放射性污染）、核反应、核辐射；

（二）违反安全装载规定；

（三）被保险机动车被转让、改装、加装或改变使用性质等，导致被保险机动车危险程度显著增加，且未及时通知保险人，因危险程度显著增加而发生保险事故的；

（四）投保人、被保险人或驾驶人故意制造保险事故。

第十一条 下列损失和费用，保险人不负责赔偿：

（一）因市场价格变动造成的贬值、修理后因价值降低引起的减值损失；

（二）自然磨损、朽蚀、腐蚀、故障、本身质量缺陷；

（三）投保人、被保险人或驾驶人知道保险事故发生后，故意或者因重大过失未及时通知，致使保险事故的性质、原因、损失程度等难以确定的，保险人对无法确定的部分，不承担赔偿责任，但保险人通过其他途径已经知道或者应当及时知道保险事故发生的除外；

（四）因被保险人违反本条款第十五条约定，导致无法确定的损失；

（五）车轮单独损失，无明显碰撞痕迹的车身划痕，以及新增加设备的损失；

（六）非全车盗抢、仅车上零部件或附属设备被盗窃。

免赔额

第十二条 对于投保人与保险人在投保时协商确定绝对免赔额的，保险人在依据本保险合同约定计算赔款的基础上，增加每次事故绝对免赔额。

保险金额

第十三条 保险金额按投保时被保险机动车的实际价值确定。

投保时被保险机动车的实际价值由投保人与保险人根据投保时的新车购置价减去折旧金额后的价格协商确定或其他市场公允价值协商确定。

折旧金额可根据本保险合同列明的参考折旧系数表确定。

赔偿处理

第十四条 发生保险事故后，保险人依据本条款约定在保险责任范围内承担赔偿责任。赔偿方式由保险人与被保险人协商确定。

第十五条 因保险事故损坏的被保险机动车，修理前被保险人应当会同保险人检验，协商确定维修机构、修理项目、方式和费用。无法协商确定的，双方委托共同认可的有资质的第三方进行评估。

第十六条 被保险机动车遭受损失后的残余部分由保险人、被保险人协商处理。如折归被保险人的，由双方协商确定其价值并在赔款中扣除。

第十七条 因第三方对被保险机动车的损害而造成保险事故，被保险人向第三方索赔的，保险人应积极协助；被保险人也可以直接向本保险人索赔，保险人在保险金额内先行赔付被保险人，并在赔偿金额内代位行使被保险人对第三方请求赔偿的权利。

被保险人已经从第三方取得损害赔偿的，保险人进行赔偿时，相应扣减被保险人从第三方已取得的赔偿金额。

保险人未赔偿之前，被保险人放弃对第三方请求赔偿权利的，保险人不承担赔偿责任。

被保险人故意或者因重大过失致使保险人不能行使代位请求赔偿权利的，保险人可以扣减或者要求返还相应的赔款。

保险人向被保险人先行赔付的，保险人向第三方行使代位请求赔偿权利时，被保险人应当向保险人提供必要的文件和所知道的有关情况。

第十八条 机动车损失赔款按以下方法计算：

（一）全部损失

赔款＝保险金额－被保险人已从第三方获得的赔偿金额－绝对免赔额

（二）部分损失

被保险机动车发生部分损失，保险人按实际修复费用在保险金额内计算赔偿：

赔款＝实际修复费用－被保险人已从第三方获得的赔偿金额－绝对免赔额

（三）施救费

施救的财产中，含有本保险合同之外的财产，应按本保险合同保险财产的实际价值占总施救财产的实际价值比例分摊施救费用。

第十九条 被保险机动车发生本保险事故，导致全部损失，或一次赔款金额与免赔金额之和（不含施救费）达到保险金额，保险人按本保险合同约定支付赔款后，本保险责任终止，保险人不退还机动车损失保险及其附加险的保险费。

第二章 机动车第三者责任保险

保险责任

第二十条 保险期间内，被保险人或其允许的驾驶人在使用被保险机动车过程中发生意外事故，致使第三者遭受人身伤亡或财产直接损毁，依法应当对第三者承担的损害赔偿责任，且不属于免除保险人责任的范围，保险人依照本保险合同的约定，对于超过机动车交通事故责任强制保险各分项赔偿限额的部分负责赔偿。

第二十一条 保险人依据被保险机动车一方在事故中所负的事故责任比例，承担相应的赔偿责任。

被保险人或被保险机动车一方根据有关法律法规选择自行协商或由公安机关交通管理部门处理事故，但未确定事故责任比例的，按照下列规定确定事故责任比例：

被保险机动车一方负主要事故责任的，事故责任比例为70%；

被保险机动车一方负同等事故责任的，事故责任比例为50%；

被保险机动车一方负次要事故责任的，事故责任比例为30%。

涉及司法或仲裁程序的，以法院或仲裁机构最终生效的法律文书为准。

责任免除

第二十二条 在上述保险责任范围内，下列情况下，不论任何原因造成的人身伤亡、财产损失和费用，保险人均不负责赔偿：

（一）事故发生后，被保险人或驾驶人故意破坏、伪造现场，毁灭证据；

（二）驾驶人有下列情形之一者：

1. 交通肇事逃逸；
2. 饮酒、吸食或注射毒品、服用国家管制的精神药品或者麻醉药品；
3. 无驾驶证，驾驶证被依法扣留、暂扣、吊销、注销期间；
4. 驾驶与驾驶证载明的准驾车型不相符合的机动车；
5. 非被保险人允许的驾驶人。

（三）被保险机动车有下列情形之一者：

1. 发生保险事故时被保险机动车行驶证、号牌被注销的；
2. 被扣留、收缴、没收期间；
3. 竞赛、测试期间，在营业性场所维修、保养、改装期间；
4. 全车被盗窃、被抢劫、被抢夺、下落不明期间。

第二十三条 下列原因导致的人身伤亡、财产损失和费用，保险人不负责赔偿：

（一）战争、军事冲突、恐怖活动、暴乱、污染（含放射性污染）、核反应、核辐射；

（二）第三者、被保险人或驾驶人故意制造保险事故、犯罪行为，第三者与被保险人或其他致害人恶意串通的行为；

（三）被保险机动车被转让、改装、加装或改变使用性质等，导致被保险机动车危险程度显著增加，且未及时通知保险人，因危险程度显著增加而发生保险事故的。

第二十四条 下列人身伤亡、财产损失和费用，保险人不负责赔偿：

（一）被保险机动车发生意外事故，致使任何单位或个人停业、停驶、停电、停水、停气、停产、通信或网络中断、电压变化、数据丢失造成的损失以及其他各种间接损失；

（二）第三者财产因市场价格变动造成的贬值，修理后因价值降低引起的减值损失；

（三）被保险人及其家庭成员、驾驶人及其家庭成员所有、承租、使用、管理、运输或代管的财产的损失，以及本车上财产的损失；

（四）被保险人、驾驶人、本车车上人员的人身伤亡；

（五）停车费、保管费、扣车费、罚款、罚金或惩罚性赔款；

（六）超出《道路交通事故受伤人员临床诊疗指南》和国家基本医疗保险同类医疗费用标准的费用部分；

（七）律师费，未经保险人事先书面同意的诉讼费、仲裁费；

（八）投保人、被保险人或驾驶人知道保险事故发生后，故意或者因重大过失未及时通知，致使保险事故的性质、原因、损失程度等难以确定的，保险人对无法确定的部分，不承担赔偿责任，但保险人通过其他途径已经知道或者应当及时知道保险事故发生的除外；

（九）因被保险人违反本条款第二十八条约定，导致无法确定的损失；

（十）精神损害抚慰金；

（十一）应当由机动车交通事故责任强制保险赔偿的损失和费用。

保险事故发生时，被保险机动车未投保机动车交通事故责任强制保险或机动车交通事故责任强制保险合同已经失效的，对于机动车交通事故责任强制保险责任限额以内的损失和费用，保险人不负责赔偿。

责任限额

第二十五条 每次事故的责任限额，由投保人和保险人在签订本保险合同时协商确定。

第二十六条 主车和挂车连接使用时视为一体，发生保险事故时，由主车保险人和挂车保险人按照保险单上载明的机动车第三者责任保险责任限额的比例，在各自的责任限额内承担赔偿责任。

赔偿处理

第二十七条 保险人对被保险人或其允许的驾驶人给第三者造成的损害，可以直接向该第三者赔偿。

被保险人或其允许的驾驶人给第三者造成损害，对第三者应负的赔偿责任确定的，根据被保险人的请求，保险人应当直接向该第三者赔偿。被保险人怠于请求的，第三者就其应获赔偿部分直接向保险人请求赔偿的，保险人可以直接向该第三者赔偿。

被保险人或其允许的驾驶人给第三者造成损害，未向该第三者赔偿的，保险人不得向被保险人赔偿。

第二十八条 发生保险事故后，保险人依据本条款约定在保险责任范围内承担赔偿责任。赔偿方式由保险人与被保险人协商确定。

因保险事故损坏的第三者财产，修理前被保险人应当会同保险人检验，协商确定维修机构、修理项目、方式和费用。无法协商确定的，双方委托共同认可的有资质的第三方进行评估。

第二十九条 赔款计算

（一）当(依合同约定核定的第三者损失金额－机动车交通事故责任强制保险的分项赔偿限额)×事故责任比例等于或高于每次事故责任限额时：

赔款=每次事故责任限额

（二）当(依合同约定核定的第三者损失金额－机动车交通事故责任强制保险的分项赔偿限额)×事故责任比例低于每次事故责任限额时：

赔款 =（依合同约定核定的第三者损失金额－机动车交通事故责任强制保险的分项赔偿限额）×事故责任比例

第三十条 保险人按照《道路交通事故受伤人员临床诊疗指南》和国家基本医疗保险的同类医疗费用标准核定医疗费用的赔偿金额。

未经保险人书面同意，被保险人自行承诺或支付的赔偿金额，保险人有权重新核定。不属于保险人赔偿范围或超出保险人应赔偿金额的，保险人不承担赔偿责任。

第三章　机动车车上人员责任保险

保险责任

第三十一条 保险期间内，被保险人或其允许的驾驶人在使用被保险机动车过程中发生意外事故，致使车上人员遭受人身伤亡，且不属于免除保险人责任的范围，依法应当对车上人员承担的损害赔偿责任，保险人依照本保险合同的约定负责赔偿。

第三十二条 保险人依据被保险机动车一方在事故中所负的事故责任比例，承担相应的赔偿责任。

被保险人或被保险机动车一方根据有关法律法规选择自行协商或由公安机关交通管理部门处理事故，但未确定事故责任比例的，按照下列规定确定事故责任比例：

被保险机动车一方负主要事故责任的，事故责任比例为 70%；

被保险机动车一方负同等事故责任的，事故责任比例为 50%；

被保险机动车一方负次要事故责任的，事故责任比例为 30%。

涉及司法或仲裁程序的，以法院或仲裁机构最终生效的法律文书为准。

责任免除

第三十三条 在上述保险责任范围内，下列情况下，不论任何原因造成的人身伤亡，保险人均不负责赔偿：

（一）事故发生后，被保险人或驾驶人故意破坏、伪造现场，毁灭证据；

（二）驾驶人有下列情形之一者：

1．交通肇事逃逸；

2．饮酒、吸食或注射毒品、服用国家管制的精神药品或者麻醉药品；

3．无驾驶证，驾驶证被依法扣留、暂扣、吊销、注销期间；

4．驾驶与驾驶证载明的准驾车型不相符合的机动车；

5．非被保险人允许的驾驶人。

（三）被保险机动车有下列情形之一者：

1．发生保险事故时被保险机动车行驶证、号牌被注销的；

2. 被扣留、收缴、没收期间；

3. 竞赛、测试期间，在营业性场所维修、保养、改装期间；

4. 全车被盗窃、被抢劫、被抢夺、下落不明期间。

第三十四条 下列原因导致的人身伤亡，保险人不负责赔偿：

（一）战争、军事冲突、恐怖活动、暴乱、污染（含放射性污染）、核反应、核辐射；

（二）被保险机动车被转让、改装、加装或改变使用性质等，导致被保险机动车危险程度显著增加，且未及时通知保险人，因危险程度显著增加而发生保险事故的；

（三）投保人、被保险人或驾驶人故意制造保险事故。

第三十五条 下列人身伤亡、损失和费用，保险人不负责赔偿：

（一）被保险人及驾驶人以外的其他车上人员的故意行为造成的自身伤亡；

（二）车上人员因疾病、分娩、自残、斗殴、自杀、犯罪行为造成的自身伤亡；

（三）罚款、罚金或惩罚性赔款；

（四）超出《道路交通事故受伤人员临床诊疗指南》和国家基本医疗保险同类医疗费用标准的费用部分；

（五）律师费，未经保险人事先书面同意的诉讼费、仲裁费；

（六）投保人、被保险人或驾驶人知道保险事故发生后，故意或者因重大过失未及时通知，致使保险事故的性质、原因、损失程度等难以确定的，保险人对无法确定的部分，不承担赔偿责任，但保险人通过其他途径已经知道或者应当及时知道保险事故发生的除外；

（七）精神损害抚慰金；

（八）应当由机动车交通事故责任强制保险赔付的损失和费用。

责任限额

第三十六条 驾驶人每次事故责任限额和乘客每次事故每人责任限额由投保人和保险人在投保时协商确定。投保乘客座位数按照被保险机动车的核定载客数（驾驶人座位除外）确定。

赔偿处理

第三十七条 赔款计算：

（一）对每座的受害人，当（依合同约定核定的每座车上人员人身伤亡损失金额－应由机动车交通事故责任强制保险赔偿的金额）×事故责任比例高于或等于每次事故每座责任限额时：

赔款=每次事故每座责任限额

（二）对每座的受害人，当（依合同约定核定的每座车上人员人身伤亡损失金额－应由机动车交通事故责任强制保险赔偿的金额）×事故责任比例低于每次事故每座责任限额时：

赔款=（依合同约定核定的每座车上人员人身伤亡损失金额－应由机动车交通事故责任强制保险赔偿的金额）×事故责任比例

第三十八条 保险人按照《道路交通事故受伤人员临床诊疗指南》和国家基本医疗保险的同类医疗费用标准核定医疗费用的赔偿金额。

未经保险人书面同意，被保险人自行承诺或支付的赔偿金额，保险人有权重新核定。不属于保险人赔偿范围或超出保险人应赔偿金额的，保险人不承担赔偿责任。

第四章 通用条款

保险期间

第三十九条 除另有约定外，保险期间为一年，以保险单载明的起讫时间为准。

其他事项

第四十条 发生保险事故时，被保险人或驾驶人应当及时采取合理的、必要的施救和保护措施，防止或者减少损失，并在保险事故发生后 48 小时内通知保险人。

被保险机动车全车被盗抢的，被保险人知道保险事故发生后，应在 24 小时内向出险当地公安刑侦部门报案，并通知保险人。

被保险人索赔时，应当向保险人提供与确认保险事故的性质、原因、损失程度等有关的证明和资料。

被保险人应当提供保险单、损失清单、有关费用单据、被保险机动车行驶证和发生事故时驾驶人的驾驶证。属于道路交通事故的，被保险人应当提供公安机关交通管理部门或法院等机构出具的事故证明、有关的法律文书（判决书、调解书、裁定书、裁决书等）及其他证明。被保险人或其允许的驾驶人根据有关法律法规规定选择自行协商方式处理交通事故的，被保险人应当提供依照《道路交通事故处理程序规定》签订记录交通事故情况的协议书。

被保险机动车被盗抢的，被保险人索赔时，须提供保险单、损失清单、有关费用单据、《机动车登记证书》、机动车来历凭证以及出险当地县级以上公安刑侦部门出具的盗抢立案证明。

第四十一条 保险人按照本保险合同的约定，认为被保险人索赔提供的有关证明和资料不完整的，应当及时一次性通知被保险人补充提供。

第四十二条 保险人收到被保险人的赔偿请求后，应当及时作出核定；情形复杂的，应当在三十日内作出核定。保险人应当将核定结果通知被保险人；对属于保险责任的，在与被保险人达成赔偿协议后十日内，履行赔偿义务。保险合同对赔偿期限另有约定的，保险人应当按照约定履行赔偿义务。

保险人未及时履行前款约定义务的，除支付赔款外，应当赔偿被保险人因此受到的损失。

第四十三条 保险人依照本条款第四十二条的约定作出核定后，对不属于保险责任的，应当自作出核定之日起三日内向被保险人发出拒绝赔偿通知书，并说明理由。

第四十四条 保险人自收到赔偿请求和有关证明、资料之日起六十日内，对其赔偿数额不能确定的，应当根据已有证明和资料可以确定的数额先予支付；保险人最终确定赔偿数额后，应当支付相应的差额。

第四十五条 保险人受理报案、现场查勘、核定损失、参与诉讼、进行抗辩、要求被保险人提供证明和资料、向被保险人提供专业建议等行为，均不构成保险人对赔偿责任的承诺。

第四十六条 在保险期间内，被保险机动车转让他人的，受让人承继被保险人的权利和义务。被保险人或者受让人应当及时通知保险人，并及时办理保险合同变更手续。

因被保险机动车转让导致被保险机动车危险程度发生显著变化的，保险人自收到前款约定的通知之日起三十日内，可以相应调整保险费或者解除本保险合同。

第四十七条 保险责任开始前，投保人要求解除本保险合同的，应当向保险人支付应交保险费金额 3%的退保手续费，保险人应当退还保险费。

保险责任开始后，投保人要求解除本保险合同的，自通知保险人之日起，本保险合同解除。

保险人按日收取自保险责任开始之日起至合同解除之日止期间的保险费,并退还剩余部分保险费。

第四十八条 因履行本保险合同发生的争议,由当事人协商解决,协商不成的,由当事人从下列两种合同争议解决方式中选择一种,并在本保险合同中载明:

（一）提交保险单载明的仲裁委员会仲裁；

（二）依法向人民法院起诉。

本保险合同适用中华人民共和国法律（不含港、澳、台地区法律）。

四、附加险

附加险条款的法律效力优于主险条款。附加险条款未尽事宜,以主险条款为准。除附加险条款另有约定外,主险中的责任免除、双方义务同样适用于附加险。主险保险责任终止的,其相应的附加险保险责任同时终止。

1. 附加绝对免赔率特约条款
2. 附加车轮单独损失险
3. 附加新增加设备损失险
4. 附加车身划痕损失险
5. 附加修理期间费用补偿险
6. 附加发动机进水损坏除外特约条款
7. 附加车上货物责任险
8. 附加精神损害抚慰金责任险
9. 附加法定节假日限额翻倍险
10. 附加医保外医疗费用责任险
11. 附加机动车增值服务特约条款

附加绝对免赔率特约条款

绝对免赔率为 5%、10%、15%、20%,由投保人和保险人在投保时协商确定,具体以保险单载明为准。

被保险机动车发生主险约定的保险事故,保险人按照主险的约定计算赔款后,扣减本特约条款约定的免赔,即

主险实际赔款=按主险约定计算的赔款×（1－绝对免赔率）

附加车轮单独损失险

投保了机动车损失保险的机动车,可投保本附加险。

第一条 保险责任

保险期间内,被保险人或被保险机动车驾驶人在使用被保险机动车过程中,因自然灾害、意外事故,导致被保险机动车未发生其他部位的损失,仅有车轮（含轮胎、轮毂、轮毂罩）单独的直接损失,且不属于免除保险人责任的范围,保险人依照本附加险合同的约定负责赔偿。

第二条 责任免除

（一）车轮（含轮胎、轮毂、轮毂罩）的自然磨损、朽蚀、腐蚀、故障、本身质量缺陷；

（二）未发生全车盗抢,仅车轮单独丢失。

第三条 保险金额

保险金额由投保人和保险人在投保时协商确定。

第四条　赔偿处理

（一）发生保险事故后，保险人依据本条款约定在保险责任范围内承担赔偿责任。赔偿方式由保险人与被保险人协商确定；

（二）赔款＝实际修复费用－被保险人已从第三方获得的赔偿金额；

（三）在保险期间内，累计赔款金额达到保险金额，本附加险保险责任终止。

附加新增加设备损失险

投保了机动车损失保险的机动车，可投保本附加险。

第一条　保险责任

保险期间内，投保了本附加险的被保险机动车因发生机动车损失保险责任范围内的事故，造成车上新增加设备的直接损毁，保险人在保险单载明的本附加险的保险金额内，按照实际损失计算赔偿。

第二条　保险金额

保险金额根据新增加设备投保时的实际价值确定。新增加设备的实际价值是指新增加设备的购置价减去折旧金额后的金额。

第三条　赔偿处理

发生保险事故后，保险人依据本条款约定在保险责任范围内承担赔偿责任。赔偿方式由保险人与被保险人协商确定。

赔款＝实际修复费用－被保险人已从第三方获得的赔偿金额

附加车身划痕损失险

投保了机动车损失保险的机动车，可投保本附加险。

第一条　保险责任

保险期间内，被保险机动车在被保险人或被保险机动车驾驶人使用过程中，发生无明显碰撞痕迹的车身划痕损失，保险人按照保险合同约定负责赔偿。

第二条　责任免除

（一）被保险人及其家庭成员、驾驶人及其家庭成员的故意行为造成的损失；

（二）因投保人、被保险人与他人的民事、经济纠纷导致的任何损失；

（三）车身表面自然老化、损坏、腐蚀造成的任何损失。

第三条　保险金额

保险金额为2 000元、5 000元、10 000元或20 000元，由投保人和保险人在投保时协商确定。

第四条　赔偿处理

（一）发生保险事故后，保险人依据本条款约定在保险责任范围内承担赔偿责任，赔偿方式由保险人与被保险人协商确定。

赔款＝实际修复费用－被保险人已从第三方获得的赔偿金额

（二）在保险期间内，累计赔款金额达到保险金额，本附加险保险责任终止。

附加修理期间费用补偿险

投保了机动车损失保险的机动车，可投保本附加险。

第一条　保险责任

保险期间内，投保了本条款的机动车在使用过程中，发生机动车损失保险责任范围内的事故，造成车身损毁，致使被保险机动车停驶，保险人按保险合同约定，在保险金额内向被保险人补偿修理期间费用，作为代步车费用或弥补停驶损失。

第二条　责任免除

下列情况下，保险人不承担修理期间费用补偿：

（一）因机动车损失保险责任范围以外的事故而致被保险机动车的损毁或修理；

（二）非在保险人认可的修理厂修理时，因车辆修理质量不合要求造成返修；

（三）被保险人或驾驶人拖延车辆送修期间。

第三条　保险金额

本附加险保险金额=补偿天数×日补偿金额。补偿天数及日补偿金额由投保人与保险人协商确定并在保险合同中载明，保险期间内约定的补偿天数最高不超过90天。

第四条　赔偿处理

全车损失，按保险单载明的保险金额计算赔偿；部分损失，在保险金额内按约定的日补偿金额乘以从送修之日起至修复之日止的实际天数计算赔偿，实际天数超过双方约定修理天数的，以双方约定的修理天数为准。

保险期间内，累计赔款金额达到保险单载明的保险金额，本附加险保险责任终止。

附加发动机进水损坏除外特约条款

投保了机动车损失保险的机动车，可投保本附加险。

保险期间内，投保了本附加险的被保险机动车在使用过程中，因发动机进水后导致的发动机的直接损毁，保险人不负责赔偿。

附加车上货物责任险

投保了机动车第三者责任保险的营业货车（含挂车），可投保本附加险。

第一条　保险责任

保险期间内，发生意外事故致使被保险机动车所载货物遭受直接损毁，依法应由被保险人承担的损害赔偿责任，保险人负责赔偿。

第二条　责任免除

（一）偷盗、哄抢、自然损耗、本身缺陷、短少、死亡、腐烂、变质、串味、生锈、动物走失、飞失、货物自身起火燃烧或爆炸造成的货物损失；

（二）违法、违章载运造成的损失；

（三）因包装、紧固不善，装载、遮盖不当导致的任何损失；

（四）车上人员携带的私人物品的损失；

（五）保险事故导致的货物减值、运输延迟、营业损失及其他各种间接损失；

（六）法律、行政法规禁止运输的货物的损失。

第三条　责任限额

责任限额由投保人和保险人在投保时协商确定。

第四条　赔偿处理

（一）被保险人索赔时，应提供运单、起运地货物价格证明等相关单据，保险人在责任限额内按起运地价格计算赔偿；

（二）发生保险事故后，保险人依据本条款约定在保险责任范围内承担赔偿责任，赔偿方式由保险人与被保险人协商确定。

附加精神损害抚慰金责任险

投保了机动车第三者责任保险或机动车车上人员责任保险的机动车，可投保本附加险。

在投保人仅投保机动车第三者责任保险的基础上附加本附加险时，保险人只负责赔偿第三者的精神损害抚慰金；在投保人仅投保机动车车上人员责任保险的基础上附加本附加险时，保险人只负责赔偿车上人员的精神损害抚慰金。

第一条 保险责任

保险期间内，被保险人或其允许的驾驶人在使用被保险机动车的过程中，发生投保的主险约定的保险责任内的事故，造成第三者或车上人员的人身伤亡，受害人据此提出精神损害赔偿请求，保险人依据法院判决及保险合同约定，对应由被保险人或被保险机动车驾驶人支付的精神损害抚慰金，在扣除机动车交通事故责任强制保险应当支付的赔款后，在本保险赔偿限额内负责赔偿。

第二条 责任免除

（一）根据被保险人与他人的合同协议，应由他人承担的精神损害抚慰金；

（二）未发生交通事故，仅因第三者或本车人员的惊恐而引起的损害；

（三）怀孕妇女的流产发生在交通事故发生之日起 30 天以外的。

第三条 赔偿限额

本保险每次事故赔偿限额由保险人和投保人在投保时协商确定。

第四条 赔偿处理

本附加险赔偿金额依据生效法律文书或当事人达成且经保险人认可的赔付协议，在保险单所载明的赔偿限额内计算赔偿。

附加法定节假日限额翻倍险

投保了机动车第三者责任保险的家庭自用汽车，可投保本附加险。

保险期间内，被保险人或其允许的驾驶人在法定节假日期间使用被保险机动车发生机动车第三者责任保险范围内的事故，并经公安部门或保险人查勘确认的，被保险机动车第三者责任保险所适用的责任限额在保险单载明的基础上增加一倍。

附加医保外医疗费用责任险

投保了机动车第三者责任保险或机动车车上人员责任保险的机动车，可投保本附加险。

第一条 保险责任

保险期间内，被保险人或其允许的驾驶人在使用被保险机动车的过程中，发生主险保险事故，对于被保险人依照中华人民共和国法律（不含港、澳、台地区法律）应对第三者或车上人员承担的医疗费用，保险人对超出《道路交通事故受伤人员临床诊疗指南》和国家基本医疗保险同类医疗费用标准的部分负责赔偿。

第二条 责任免除

下列损失、费用，保险人不负责赔偿：

（一）在相同保障的其他保险项下可获得赔偿的部分；

（二）所诊治伤情与主险保险事故无关联的医疗、医药费用；

（三）特需医疗类费用。

第三条　赔偿限额

赔偿限额由投保人和保险人在投保时协商确定，并在保险单中载明。

第四条　赔偿处理

被保险人索赔时，应提供由具备医疗机构执业许可的医院或药品经营许可的药店出具的、足以证明各项费用赔偿金额的相关单据。保险人根据被保险人实际承担的责任，在保险单载明的责任限额内计算赔偿。

附加机动车增值服务特约条款

第一条　投保了机动车保险后，可投保本特约条款。

第二条　本特约条款包括道路救援服务特约条款、车辆安全检测特约条款、代为驾驶服务特约条款、代为送检服务特约条款共四个独立的特约条款，投保人可以选择投保全部特约条款，也可以选择投保其中部分特约条款。保险人依照保险合同的约定，按照承保特约条款分别提供增值服务。

第一章　道路救援服务特约条款

第三条　服务范围

保险期间内，被保险机动车在使用过程中发生故障而丧失行驶能力时，保险人或其受托人根据被保险人请求，向被保险人提供如下道路救援服务。

（一）单程 50 km 以内拖车；

（二）送油、送水、送防冻液、搭电；

（三）轮胎充气、更换轮胎；

（四）车辆脱离困境所需的拖拽、吊车。

第四条　责任免除

（一）根据所在地法律法规、行政管理部门的规定，无法开展相关服务项目的情形；

（二）送油、更换轮胎等服务过程中产生的油料、防冻液、配件、辅料等材料费用；

（三）被保险人或驾驶人的故意行为。

第五条　责任限额

保险期间内，保险人提供 2 次免费服务，超出 2 次的，由投保人和保险人在签订保险合同时协商确定，分为 5 次、10 次、15 次、20 次四挡。

第二章　车辆安全检测特约条款

第六条　服务范围

保险期间内，为保障车辆安全运行，保险人或其受托人根据被保险人请求，为被保险机动车提供车辆安全、检测服务，车辆安全检测项目包括：

（一）发动机检测（机油、空滤、燃油、冷却等）；

（二）变速器检测；

（三）转向系统检测（含车轮定位测试、轮胎动平衡测试）；

（四）底盘检测；

（五）轮胎检测；

（六）汽车玻璃检测；

（七）汽车电子系统检测（全车电控电器系统检测）；

（八）车内环境检测；

（九）蓄电池检测；

（十）车辆综合安全检测。

第七条 责任免除

（一）检测中发现的问题部件的更换、维修费用；

（二）洗车、打蜡等常规保养费用；

（三）车辆运输费用。

第八条 责任限额

保险期间内，本特约条款的检测项目及服务次数上限由投保人和保险人在签订保险合同时协商确定。

第三章　代为驾驶服务特约条款

第九条 服务范围

保险期间内，保险人或其受托人根据被保险人请求，在被保险人或其允许的驾驶人因饮酒、服用药物等原因无法驾驶或存在重大安全驾驶隐患时提供单程 30 km 以内的短途代驾服务。

第十条 责任免除

根据所在地法律法规、行政管理部门的要求，无法开展相关服务项目的情形。

第十一条 责任限额

保险期间内，本特约条款的服务次数上限由投保人和保险人在签订保险合同时协商确定。

第四章　代为送检服务特约条款

第十二条 服务范围

保险期间内，按照《中华人民共和国道路交通安全法实施条例》，被保险机动车需由机动车安全技术检验机构实施安全技术检验时，根据被保险人请求，由保险人或其受托人代替车辆所有人进行车辆送检。

第十三条 责任免除

（一）根据所在地法律法规、行政管理部门的要求，无法开展相关服务项目的情形；

（二）车辆检验费用及罚款；

（三）维修费用。

释　义

【使用被保险机动车过程】指被保险机动车作为一种工具被使用的整个过程，包括行驶、停放及作业，但不包括在营业场所被维修养护期间、被营业单位拖带或被吊装等施救期间。

【自然灾害】指对人类以及人类赖以生存的环境造成破坏性影响的自然现象，包括雷击、暴风、暴雨、洪水、龙卷风、冰雹、台风、热带风暴、地陷、崖崩、滑坡、泥石流、雪崩、冰陷、暴雪、冰凌、沙尘暴、地震及其次生灾害等。

【意外事故】指被保险人不可预料、无法控制的突发性事件，但不包括战争、军事冲突、恐怖活动、暴乱、污染（含放射性污染）、核反应、核辐射等。

【交通肇事逃逸】是指发生道路交通事故后，当事人为逃避法律责任，驾驶或者遗弃车辆逃离道路交通事故现场以及潜逃藏匿的行为。

【车轮单独损失】指未发生被保险机动车其他部位的损失，因自然灾害、意外事故，仅发生轮胎、轮毂、轮毂罩的分别单独损失，或上述三者之中任意二者的共同损失，或三者的共同损失。

【车身划痕】仅发生被保险机动车车身表面油漆的损坏，且无明显碰撞痕迹。

【新增加设备】指被保险机动车出厂时原有设备以外的，另外加装的设备和设施。

【新车购置价】指本保险合同签订地购置与被保险机动车同类型新车的价格，无同类型新车市场销售价格的，由投保人与保险人协商确定。

【全部损失】指被保险机动车发生事故后灭失，或者受到严重损坏完全失去原有形体、效用，或者不能再归被保险人所拥有的，为实际全损；或被保险机动车发生事故后，认为实际全损已经不可避免，或者为避免发生实际全损所需支付的费用超过实际价值的，为推定全损。

【家庭成员】指配偶、父母、子女和其他共同生活的近亲属。

【市场公允价值】指熟悉市场情况的买卖双方在公平交易的条件下和自愿的情况下所确定的价格，或无关联的双方在公平交易的条件下一项资产可以被买卖或者一项负债可以被清偿的成交价格。

【参考折旧系数表】（见附表1）

附表1 折旧系数

车辆种类	月折旧系数			
	家庭自用	非营业	营业	
			出租	其他
9座以下客车	0.60%	0.60%	1.10%	0.90%
10座以上客车	0.90%	0.90%	1.10%	0.90%
微型载货汽车	—	0.90%	1.10%	1.10%
带拖挂的载货汽车	—	0.90%	1.10%	1.10%
低速货车和三轮汽车	—	1.10%	1.10%	1.40%
其他车辆	—	0.90%	1.10%	0.90%

折旧按月计算，不足一个月的部分，不计折旧。最高折旧金额不超过投保时被保险机动车新车购置价的80%。

折旧金额=新车购置价×被保险机动车已使用月数×月折旧系数

【饮酒】指驾驶人饮用含有酒精的饮料，驾驶机动车时血液中的酒精含量大于等于20 mg/100 mL的。

【法定节假日】包括：中华人民共和国国务院规定的元旦、春节、清明节、劳动节、端午节、中秋节和国庆节放假调休日期，以及星期六、星期日，具体以国务院公布的文件为准。

法定节假日不包括：① 因国务院安排调休形成的工作日；② 国务院规定的一次性全国假日；③ 地方性假日。

【污染（含放射性污染）】指被保险机动车正常使用过程中或发生事故时，由于油料、尾气、货物或其他污染物的泄漏、飞溅、排放、散落等造成的被保险机动车和第三方财产的污损、状况恶化或人身伤亡。

【特需医疗类费用】指医院的特需医疗部门/中心/病房，包括但不限于特需医疗部、外宾医疗部、VIP部、国际医疗中心、联合医院、联合病房、干部病房、A级病房、家庭病房、套房等不属于社会基本医疗保险范畴的高等级病房产生的费用，以及名医门诊、指定专家团队门诊、特需门诊、国际门诊等产生的费用。

参考文献

[1] 吴冬梅，杜晶. 汽车保险与理赔[M]. 北京：人民交通出版社，2018.

[2] 胡文娟，龚文资. 汽车保险与理赔[M]. 北京：国防工业出版社，2012.

[3] 董恩国，张蕾. 汽车保险与理赔实务[M]. 2版. 北京：机械工业出版社，2015.